DÉMOCRATIE, DANS QUEL ÉTAT?

民主主義は、いま?

不可能な問いへの8つの思想的介入

河村一郎　澤里岳史　河合孝昭　太田悠介　平田周＝訳

ジョルジョ・アガンベン

アラン・バディウ

ダニエル・ベンサイード

ウェンディ・ブラウン

ジャン＝リュック・ナンシー

ジャック・ランシエール

クリスティン・ロス

スラヴォイ・ジジェク

以文社

"DÉMOCRATIE, DANS QUEL ÉTAT?"

Giorgio AGAMBEN, Alain BADIOU, Daniel BENSAÏD, Wendy BROWN,
Jean-Luc NANCY, Jacques RANCIÈRE, Kristin ROSS, Slavoj ŽIŽEK

目次

凡例

各種記号の転記は、以下のように統一した。原文中の斜体は、書名の場合は『　』で、それ以外は傍点で示した。大文字で始まる原文中の単語は固有名詞を除き〈　〉でくくった。原文中の引用符« »は「　」、原文中の（　）は（　）、訳者による文内補注は〔　〕で示した。原文中の【　】は〔　〕にし、訳者が原語を指示する場合はカッコ等を付さずにそのまま付記してある。

原注、訳注は、それぞれ「原注」「訳注」と明示し、各論文ごとにナンバーを振った。

民主主義は、いま?

不可能な問いへの8つの思想的介入

緒　言

一九二〇年代、『シュルレアリスム革命』誌[訳注]は、数号にわたって、それについて新説を述べるのは不可能に見えることを共通点とする主題――愛、自殺、悪魔との契約――に関するアンケートを実施した。これらのテーマについて新説を述べるのは不可能に見えるにもかかわらず、アルトー、クルヴェル、ナヴィル、エルンスト、ブニュエルの返答は、ほぼ一世紀後にもなお我々を驚かせる、複雑に交わる光をそれらに当てるものである。本書が刊行されたのは、このモデルを念頭に置いてであり、次のように定式化される問いとともにである。

「民主主義」という言葉は今日非常に広汎な合意《コンセンサス》を組織しているように見える。なるほど、時に激しく、この言葉の唯一の意味あるいは意味たちについて議論が闘わされる。しかし、我々の生きる「世界」では、この言葉に積極的な価値を付与することが一般的に許されている。我々の問いはそこから来る。あなたにとって、自らを「民主主義者」と言うことには意味があるのか。意味がないとすれば、なぜか。そして、意味があるとすれば、その言葉のどのような解釈によってであるのか。

質問を受けた哲学者のうち、ある人々はラ・ファブリック〔本書の原出版社〕の著者であり友人である。他の人々については、我々はその仕事を介してしか知らないが、それは彼らそして彼女らが民主主義に関して通説とは相容れない考えを持っていると我々に思わせるものであった。彼らの返答は多様で、時に矛盾しているが、これは予想されたことであり、望まれたことでさえあった。それゆえ、本書には、民主主義の定義も、用法も見出されないだろうし、民主主義に賛成するとか反対であるとかという判断はなおさらそうであろう。そこからはただ、その言葉は放棄されるべきではない——というのも、それは、政治に関する論争の最も本質的なものがその周りを回転する軸線の役を務め続けるからである——ということが分かるだけである。

訳注　シュルレアリスム運動の機関誌。アンドレ・ブルトンを編集長とし、一九二四年から五年間にわたって刊行された。本文で挙げられた人々以外に、キリコやピカソ、マン・レイなども作品を寄せた。

民主主義概念に関する巻頭言

ジョルジョ・アガンベン

「民主主義」の語をめぐるあらゆる言説は今日、語のもともとの曖昧さによって歪められており、その曖昧さがこの語を用いる人々の誤解を余儀なくさせている。民主主義について語る時、私たちは何について語っているのか。この語はつまるところ、いかなる合理性に依拠しているのか。多少なりとも注意深い観察であれば、民主主義について今日議論する人々がこの語によって意図しているのは、ある時は政治体の政体《コンスティテュション》の形態であり、またある時は統治《グベルヌマン》の技術であることを、明らかにするだろう。したがって、この語は公法の概念理解と行政的実践の概念理解とを、同時に指示している。それは権力の正統化の形態と同時に、権力の行使の様態をも指し示すのである。現代の政治的言説において、この語がたいていの場合、統治の技術——それ自体、とりたてて安心できるものでは少しもないが——と関わることは、誰にとっても明らかなので、この語を第一の意味できまじめに用い続けている人々の居心地の悪さが理解される。

一方では法－政治的、他方では経済－管理的という、これら二つの概念理解の錯綜が深い根を持ち、それを解きほぐすのは簡単ではないことは、次の例によって明らかになるだろう。私たちがギリシアの政治思想の古典のうちに、*politeia* という語をみつける時（多くの場合は、君主制、寡頭制、民主制および、それらの *parekbaseis*、つまり逸脱といった、*politeia* の様々な形態に関する議論の枠組みにおいて）、私たちは翻訳者たちがこの語をある時は「政体」と翻訳し、またある時は「統治」と訳すのを目にする。例えば、アリストテレスがペリクレスの「衆愚政治」を叙述する、『アテナイ人の国制』（二七章）の一節「*dēmotikōteran synebē genesthai tēn politeian*」は、英訳者によって「*the constitution became still more democratic* 政体はなおいっそう民主的になった」と訳されている。[訳注1] そのすぐ後でアリストテレスは、大衆は「*apasan tēn politeian mallon agein eis hautous*」と付け加えるが、それを同じ訳者が「*brought all the gouverment more into their hands* すべての統治をより彼らの手に委ねた」と訳している[訳注2]（当然ながら、一貫性が要求するままに、すべての政体を委ねたと翻訳すれば、問題となっただろう）。

訳注1　アリストテレス『アテナイ人の国制』村川堅太郎訳、岩波文庫、一九八〇年、五三頁。
訳注2　同前、五四頁。

ある時は政体として、またある時は統治として現れるという、基本的な政治的概念のこの真の「文意多義」、この曖昧さは、どこから生じるのか。ここでは、西洋の政治思想史の中から、この曖昧さがとりわけ明白になる二つの引用箇所に注意を促せば十分だろう。一つ目は『政治学』(1279a 25 sqq.) のうちに見出され、アリストテレスはそこで、様々な形態の政体 (*politeiai*) を列挙し、研究するという意図を表明する。「*politeia* と *politeuma* は同じことを意味し、また *politeuma* は都市国家の最高権力 (*kyrion*) なのだから、最高権力は一人だけのものか、幾人のものか、あるいは多数者のものかであるのが必然である……」。一般には次のように訳される。「政体と統治は同じことを意味し、また統治は国家の最高権力なのだから [……]」。もっと忠実な翻訳であれば、*politeia* (政治的活動) と *politeuma* (その帰結としての政治的な事柄) という二つの語の近接を維持したにちがいないが、アリストテレスが *kyrion* と呼ぶこの形象を用いて文意多義をなくそうとした試みが、この一節の本質的な問題であるということは、明らかである。いくらか誇張がないわけではないが、現代的な用語を用いるなら、ここでは構成する権力 (*politeia*) と構成された権力 (*politeuma*) が、主権 (*kyrion*) の形態のうちで結びつき、それが政治の二つの局面を調和させるものとして現れる。しかし、なぜ政治は分裂しており、*kyrion* は何によって、この分裂を縫合しながら同時に接合するのか。

二つ目は『社会契約論』の中にある。一九七七年から一九七八年の講義、『安全、領土、人口』

でフーコーはすでに、ルソーが（「契約」、「一般意志」、「主権」といった）法-政体的用語と「統治の技術」とを和解させるという問題をまさしく提起していたことを、示していた。[訳注4]しかし、私たちの興味をそそる見地からすれば、ルソーの政治思想の基礎にある、主権と統治との区別および接合が決定的である。「政治経済」に関する論文の中で、ルソーは次のように書いている。「私は、これから私が述べようとする公経済――それを私は統治と呼ぶが――を私が主権と呼ぶ至上の権威からはっきりと区別するように読者にお願いしたい。その相違は、後者が立法権をもち［……］前者は執行権しかもたない点にある」[訳注5]。『社会契約論』ではこの区別が、一方における一般意志や立法権力と、他方における統治や執行権力との接合として、再び確認される。ところで、ルソーにとってはこれら二つの要素を区別すると同時に結びつけることが、まさしく問題である（だからこそ、区別を言明するまさにその瞬間に、彼は力を込めて、区別が主権の分割であるということを否定しなければならない）。アリストテレスにおいてと同様に、主権、

訳注3　アリストテレス『政治学』山本光雄訳、岩波文庫、一九六一年、一三八―一三九頁。

訳注4　Michel Foucault, *Sécurité, territoire, population : cours au Collège de France (1977-1978)*, Gallimard/Seuil, 2004, p. 110.（『安全・領土・人口――コレージュ・ド・フランス講義一九七七―一九七八年度』高桑和巳訳、筑摩書房、二〇〇七年、一三一頁）。

訳注5　Jean-Jacques Rousseau, *Discours sur l'économie politique* (1755), in *Œuvres complètes*, 3, Gallimard, 1964, p. 241.（「政治経済論」『ルソー全集』阪上孝訳、白水社、一九七九年、六六頁）。

kyrion は区別の項のひとつであると同時に、分離不可能な結びつきのうちに、政体と統治とをつなぐものである。

もし私たちが今日、人民主権に対する、統治と経済の圧倒的な優位と、その人民主権のあらゆる意味の漸進的な喪失とに立ち会っているのなら、それはおそらく、西洋民主主義が確かめることなしに引き受けた、哲学的遺産の代価を支払いつつあるからである。統治を単なる執行権力として理解するという誤解は、西洋の政治の歴史における最も重大な過ちのひとつである。その行き着いた先が、近代の政治的な考察が法、一般意志、人民主権といったような空疎な抽象物の背後で道に迷い、あらゆる観点から見て決定的な問題、すなわち、統治および統治と主権との接合という問題を放置するという事態である。近著で私は、政治の中心的な謎は主権ではなく統治、神ではなく天使、王ではなく大臣、法ではなく警察であることを、より正確にはこれらが形成し動かし続ける、二重の統治機械であることを示そうと努めた。[訳注6]

西洋の政治システムは、正統化し合い、相互に一貫性を与え合う、異質な二つの要素の結び目から生じる。すなわち、政治－法的合理性と経済－統治的合理性であり、「政体の形態」と「統治の形態」である。なぜ *politeia* はこの曖昧さにとらえられるのか。何が主権に（*kyrion* に）、これらの正統な結合を確保し、保証する権力を与えるのか。機械の中心は空白であり、二つの要素の間、二つの合理性の間には、いかなる可能な接合もないという事実を隠すことになる虚構が、問題なのではないか。そして、この非－接合からこそ、あらゆる政治の源であると同時に消失点である統治不可能なものをまさしく浮かび上がらせなければならないという事実を〔隠すことになる虚構が、問題なのではないか〕。

思考がこの結び目に、その文意多義に立ち向かう決心がない限り、政体の形態としての、そして統治の技術としての民主主義に関するあらゆる議論は、無駄話に再び陥る危険があるだろう。

訳注6　Giorgio Agamben, *Il Regno e la Gloria : Per una genealogia teologica dell'economia e del governo*, Neri Pozza, 2007.（『王国と栄光――オイコノミアと統治の神学的系譜学のために』高桑和巳訳、青土社、二〇一〇年）。

民主主義という紋章

アラン・バディウ

日々その権威を貶めにかかる人々を物ともせず、「民主主義《デモクラシー》」という語はたしかに、現代の政治・社会の支配的な紋章《エンブレム》であり続けている。紋章《エンブレム》、つまり、象徴体系の不可侵の要素である。あなたは、政治・社会について言いたいことを言えるし、先例のないほど手厳しい「批判」をそれに向けてみせることも、「経済のおぞましさ」を糾弾することもできる。それを民主主義の名において行う(「民主主義を自称する社会が、どうしてあれやこれやをなしうるだろうか?」という具合に)限り、あなたは容赦されよう。というのも、結局のところ、あなたがこの社会を裁こうと試みたのも、この紋章の名において、つまりは、この社会自体の名において、なのだから。あなたはその外に出たわけではない、あなたは依然として市民であり、言うなれば、野蛮人ではない。おそらく、まずは次の選挙で、民主的に定められた地位にでも就くのであろうか。

だから、私はこう言おう。せめて私たちの社会の真実に触れるためだけにでも、一つのアプリオリな演習として、この紋章を廃位させてみなければならない。「民主主義」という語を脇に退けなければ、民主主義者をやめる危険《リスク》を、つまり、「万人」から本当に悪し様に見られる危険を引き受けなければ、私たちの生きるこの世界の真理はつかめないだろう。なぜなら、「万人」といっても、私たちにあっては、この紋章をもとにしてしか言われないものなのだから。つまり、「万人」は民主主義者なのである。これが、紋章の公理と呼びうるものである。

しかし、私たちにとって大事なのは、世界 monde であって、「万人 tout le monde」ではない。世界は、まさにその現にある姿において、万人の世界ではない。なぜなら、そこでは、民主主義者、紋章を奉ずる人々、西洋に属する人々が幅を利かせているからだ。それ以外の者たちは、別の世界、別である限りにおいて本来の意味では世界ならざる世界に属しているからだ。生き延びるだけで精一杯の、戦争と悲惨と障壁と空論に充てられた地帯《ゾーン》。こうした「世界」、こうした地帯では、荷造りに時間が費やされる。おぞましきものを逃れて、立ち去るために。どこへ？　もちろん、世界を牛耳っていると称する民主主義者たちの下へ、誰かが自分たちに代わって働くことを必要とする民主主義者たちの下へ。そうして、身に滲みて知るのである。民主主義者たちは、自分たちの紋章の下に温々と守られたまま、本当のところはあなたを受け入れるつもりなどない、と。彼らはあなたを愛していない、と。つまるところ、ここには一つの政治的な族内婚制《エンドガミー》がある。民主主義者は民主主義者しか愛さない。それ以外の者たち、飢餓や殺戮の地帯からやって来た者たちについて語られるのは、まずは書類であり、国境、収容施設、警察の監視、家族の呼び寄せの拒絶……。「統合」されねばならない。何へ？　おそらくは、民主主義へ。受け入れてもらうためには、そして、もしかしたらやがていつの日にか心から歓迎してもらうためには、真の世界に辿り着けるなどと考えるよりも前に、長い時間をかけて懸命に、民主主義者となる鍛錬を自分で積んでおかなければならない。人道主義の空挺部隊の襲撃の中、一斉射撃の合間を縫って、飢餓と疫病を避けながら、あなたの統合用マニュアル、ちっぽけな民主主義者のための手帳に取り組みたまえ！　これが、あなたを待ち受ける恐るべき試験だ！　偽の世界から「真の」世界へ、道は行き止まりである。民主主義、然り、だが、民主主義者だけに割り当てられたものではないのか？　世界のグローバル化、たしかにそうだが、しかし、その外部が、自分は内部となるのに相応しいと辛うじて立証する限りのことでしかない。

要するに、民主主義者たちの「世界」はいささかなりとも「万人」の世界ではなく、そこからすぐさまわかるように、民主主義は、そのちっぽけな世界が享受し、生きているつもりの城壁の紋章にして守護者として、一つの保守的な寡頭政を結集しているのである。その全職務、往々にして好戦的な職務は、「世界」という僭称の下で、自らの動物的な生の領域にすぎないものを維持することにある。

紋章を捨て去って、いかなる領域が問題となるかを——民主主義者たちが蠢き回り増殖する領域を——科学的に検討してみたとき、次の重要な問いに辿り着けるだろう。一つの領域が、民主主義という紋章下にある世界として自らをまことしやかに提示できるためには、それはいかなる条件に従わねばならないか？　或いは、こうも言える。いかなる対象空間について、いかなる集合態配置について、民主主義は民主主義であるのか？

そうなると、民主主義という紋章の、哲学における最初の廃位を構成するものを読み直すことができる。つまり、『国家』第八巻で語られる事柄である。プラトンは、指導の一つの機構、国制の一つの種別を「民主主義」と呼ぶ。はるか後に、レーニンもまたこう言うだろう。民主主義、それは国家の一つの形態に外ならない、と。だが、この二人にとって、考えなければならないのは、その客観的な形態よりも主観的影響である。思考は、法権利から紋章へ、つまり、民主主義から民主主義者へと進まなければならない。民主主義という紋章の有害な力は、それが形成する主観的類型の中に凝縮されている。その決定的な特徴は、一言で言うならば、利己主義《エゴイズム》、ちっぽけな享楽への欲望である。

ついでに言っておくべきだろうが、文化大革命の最中、林彪[訳注1]は、この点からすればプラトン主義者であった。偽の共産主義（ロシアで優位に立っている者たち）の本質、それは利己主義であると、そして、反動的「民主主義者」を支配しているもの、それはまったく端的に死の恐怖であると、彼が語ったときのことである。

もちろん、プラトンのやり方には、純粋に反動的な部分が含まれる。というのも、民主主義はギリシア都市国家を救わないと、彼が確信しているからだ。現に、それは救わなかった。民主主義は、私たちのご自慢の西洋をもそれ以上に救いはしないだろうと、私たちはそう言うことになるのか？　然り、そう言うだろう。ただし、そうなると私たちはそこで古来のジレンマに立ち戻る、とは付言しておく。方途を尽くして再発明されるべき共産主義か、それとも、こちらも再発明されるファシズムという野蛮か、である。ギリシア人にとっては、マケドニア人、それからローマ人であった。いずれの場合も、解放ではなく隷属。

プラトンはといえば、古風な貴族主義者であるから、実在したと彼には思われた、だが実際のところは彼が案出した人物像（哲学によって養成された軍事的貴族階級）に関心を向ける。彼の貴族政的反動が、一つの政治的神話を提示する。郷愁《ノスタルジー》で粉飾した反動というこの問題については、私たちも、その諸々の現代的事例に通じている。最も印象が強烈なのは、私たちの場合、知的小市民層にかくも行き渡った、共和政への偶像崇拝である。「私たちの共和国の諸価値」への訴えかけは大流行だ。この訴えかけは、いかなる「共和国」を糧としているのか？

パリ・コミューンの虐殺の中から創り出されたそれか？　植民地を征服する中で鍛え上げられたそれか？　スト破りのクレマンソー[訳注2]のそれか？　そうして、一九一四―一八年の殺戮を組織したそれか？　ペタン[訳注3]に全権を委譲したそれか？　あらゆる徳に満ちたこの「共和国」は、都合に合わせて捏造される。危ういまでに色褪せているのが気付かれている、民主主義の紋章を擁護するためだ。ちょうど、プラトンが、哲学者－守護者をもってすれば、既に虫喰いだらけの貴族政の旗を高く掲げられると信じたように。これはまさしく、あらゆる郷愁は、実在しなかった何かについての郷愁であるという証左である。

しかしながら、民主主義へのプラトンの批判は、単に反動的・貴族政的であるどころではな

訳注1　林彪（リン・ピャオ、1907-1971）中華人民共和国の軍人・政治家。文化大革命で失脚した劉少奇国家主席に代わって毛沢東の後継者に指名されるが、やがて毛沢東と対立。一九七一年、毛沢東暗殺を企てるが失敗し（林彪事件）、国外逃亡を試みるも墜落死する。

訳注2　ジョルジュ・クレマンソー（Georges Clemenceau, 1841-1929）フランスの政治家・ジャーナリスト。急進左派の代議士としてドレフュス擁護の論陣を張る。保守派に転向後、一九〇六―九年、首相に就任し、軍備拡張・帝国主義政策を推進するとともに、労働争議を徹底的に弾圧する。第一次大戦末期に再び首相に就任、対独強行姿勢を貫き、フランスを勝利に導いた。

訳注3　フィリップ・ペタン（Philippe Pétain, 1856-1951）フランスの軍人・政治家。第一次世界大戦期、西部戦線の指揮官としてヴェルダンを死守、「ヴェルダンの英雄」の名声を得る。大戦終結後、元帥に昇進。第二次大戦下、フランス第三共和制最後の首相としてナチス・ドイツに降伏し、対独協力派ヴィシー政権の国家元首となる。戦後、終身禁固刑を受ける。

い。彼の論点は、民主主義が国家の水準において形成する現実の本質と、そして、そうやって形成された世界において構成される主体、彼が「民主主義的人間」と呼ぶものとに、同時に向けられている。

それゆえ、プラトンの二つのテーゼは以下のものだ。

1. 民主主義的な世界は、本当は一つの世界ではない。

2. 民主主義的な主体は、自らの享楽という見地からしか構成されない。

この二つのテーゼは、私の見るところ、全くもって妥当なので、ここではそれを少しばかり敷衍してみることにする。

どうして、民主主義は、享楽の主体だけを認めるのか？　プラトンは、民主主義的な偽の世界において構成される、享楽への二つの関係形式を記述する。第一に、若い時期の、ディオニュソス的激情がある。第二には、老いてからの、諸々の享楽への無関心である。結局のところ、支配的な社会生活による、民主主義的な主体の教育は、すべてが手の届くところにあるという幻想から始まる。「制約なしに楽しもう」、六八年世代のアナーキストは言う。「ファッション、ナイキのシューズ、それに葉っぱ《マリファナ》」、「郊外《バンリユー》」の偽反逆者は言う。けれども、黄昏れゆく意識の中で、同じ民主主義的な生が完遂されるのである。すべては等価であり、それゆえ、何にも価値はない。まあ、ありうるすべての価値の測定単位ででもない限りは。金銭、それから、その所有権を保護する装置群、つまり、警察、司法、監獄のことである。自らを自由と思い做した気前のよい貪欲から、予算に制約された治安偏重の吝嗇へ。時の流れというものか。

だが、世界の問いとどのようなつながりがあるのか？　全世界は、プラトンにとっても私にとっても、そこで構築される諸差異からしか解明されない。とりわけても、第一には、真理と臆見《オピニオン》とのあいだの、第二には、種別を同じくしない二つの真理（例えば、愛と政治、芸術と科学）のあいだの差異である。あらゆる事物の等価性が前提されたとなると、無限定な表面や土台、外観は得られるが、しかし、いかなる世界も現出しえない。これが、まさしく、民主主義とは、「等しい者にも等しくない者にも同じように一種の同等性を分け与える、快適で無秩序で奇妙な」[訳注4]統治の形態であると表明する際の、プラトンの思想である。快適さとは若さがそこに見出すそれであり、満たされた欲望のそれ、或いは、権利上そうでありうるものである。等しくないものと等しいものとのあいだに樹立された同等性とは、私たちからすれば、貨幣の原理に外ならない。一般的等価性が、現実の諸差異への、あるがままの不均質性への、あらゆる経路を遮断する。そこでの範例は、真理の手順と諸々の臆見の自由とのあいだの懸隔であるのに。数値化された量に隷属するこの抽象的同等性こそが、一つの世界の存立を妨げ、プラトンが

訳注4　プラトン『国家』第八巻　558C

「無秩序」と呼ぶものの君臨を強いるのだ。この無秩序は、価値なきものにも機械的に付与された価値に外ならない。普遍的代替可能性の世界は、固有の論理なき世界であり、それゆえ、一つの世界ならざる世界、現れの「無秩序な」体制でしかない。

この無秩序に訓育された民主主義的人間を定義するもの、それは、彼がその原理、あらゆる事物の代替可能性の原理を主体化するということである。かくして、欲望と、これらの欲望が執着する諸対象と、これらの対象から引き出されるつかの間の享楽との、開かれた流通が得られる。この流通の中で、主体が構成される。既に見たように、一定の年齢に達すると、彼は、流通の（「現代化」の）優位性の名の下に、対象のある種の無差別性を受け入れる。彼はもはや、流通の象徴しか、金銭そのものしか見ない。だが、根源的情熱だけが、享楽の無限の潜在性に執着するものだけが、流通を活性化できる。それだから、老人たちのうちに流通の賢者――あらゆるものの本質は貨幣的無意味さにあると悟った――がいれば、その活性化された存続、その間断なき維持のために、若者が特権的な当事者であることが要請される。民主主義的人間は、貪欲な青年に吝嗇な老人を接ぎ木する。青年が機械を回転させ、老人が収益を取り立てるのである。

プラトンが完全に理解していたように、結局のところ、民主主義的な偽の世界は、若者の熱狂に用心しながらも、若者を偶像化せざるを得ない。民主主義的なものの中の何かが本質的に青少年的なのだ、何かが普遍的な幼児化に服属しているのだ。プラトンが書いたように、こうした偽の世界においては、「老人は、退屈だとか威圧的だとか思われるのを恐れて、わざわざ若い人々の流儀に自ら擦り寄る」[訳注5]。老いたる民主主義者もまた、自らのシニカルな懐疑主義の配当金を受け取るために、若き闘士を装わなければならない。毎日のようにさらなる「現代性」、「変化」、「速さ」、「流動性」を要求しなければならない。疲れを知らない大金持ちの老いたるロック・ミュージシャンが彼の範例だ。どんなにくたびれて皺だらけになろうとも、老骨をくねらせながら、マイクに向かってがなり立て続けるのである。

永遠の若さが紋章となるとき、集合的生はどうなるのか？　年齢の意味が消滅してしまったら？　おそらく、二つの可能性がある。貨幣的流通の真の（資本主義的……）水準が欠けている場合、その人物像はテロリストである。というのも、青年期の粗暴さと無分別が手放しで評価されるからだ。この不毛な「青年主義」の革命版については、文化大革命の紅衛兵や、クメール・ルージュにおいて、その恐るべき結果が目の当たりにされてきた。その脱イデオロギー版が、外部諸勢力や軍事的支配者の手先となって、アフリカの多くの地域に恐怖を撒き散らしている、若者たちの武装集団である。ここには、大量に供給される人殺し用の武器を除いて、

訳注5　プラトン『国家』第八巻 563B

事物の貨幣的な流通から切り離された、青年的民主化主義の地獄のような極限状態がある。だが、私たちの国ではどうか？　私たちの国では、若さの優位が、気晴らしを社会法則として強いている。「楽しみなさい」は誰にとっても格率なのである。ほとんどそうしえない人々ですら、それを余儀なくされる。ここに、現代の民主主義的社会の根深い愚劣さがある。

　いずれにしても、プラトンのおかげで、私たちの社会を三つの主題の絡み合いとして考えることができる。世界の不在、流通に隷属する主観性としての民主主義という紋章、普遍的な青年期としての享楽の命法。そうして、彼のテーゼによれば、このような組み合わせは、そこで繰り広げられる社会を、必ずや、全面的な破綻へと曝す。というのも、そうした社会は、時間の規律を組織しえないからである。

　満ち足りた民主主義者の実存的無秩序についてプラトンが与える有名な記述は、まずは、少し先の箇所でソクラテスが「かくも美しく、かくも若々しい、この統治の仕方」と呼ぶことになるものへの一種の皮肉な賛辞として提示される。

　民主主義的人間は純粋な現在だけに生き、移ろいゆく欲望だけを掟とする。今日は酒を飲みながら脂っこい食事を楽しめば、明日は仏陀に成り代わって、断食の苦行、水しか飲まずに堅固な発育。月曜日には何時間もサイクリング・マシンのペダルをこいでシェイプアップしたかと思うと、火曜日には一日中のらくらして、それから煙草とご馳走。水曜日、哲学書を読むぞと宣言するも、結局は何もせずに終わる。木曜日、昼食の席では政治に熱中、隣の人の見解に憤慨して食って掛かり、同じく熱狂的な憤慨をもって消費社会とスペクタクルの社会をこき下ろす。晩になると映画館に出かけ、時代がかった戦争もの、ひどい駄作を観る。帰宅して、虐げられた人民の武装解放闘争への参加を夢に見ながら床に就く。翌日、二日酔いで仕事に行って、隣の部署の秘書を口説こうとするも失敗。よし決めた、彼は事業に乗り出すつもりだ！　不動産収入だ！　だが、もう週末だ、ひどいものだ、次の週もこれがそっくり繰り返されるのだろう。いずれにしても、これが人生なのだ！　秩序もなければ、理念もないが、でも、それは、快適で幸福で、何よりも、下らないけれど自由だとは言える。下らなさという対価を支払って自由を手に入れる、高い買い物ではない。原注1 訳注6

プラトンのテーゼによれば、この実存様式——時間の無規律がその本質である——と、それに適合した国家の形態——代議制民主主義——は、いずれ、自らの専制的本質を目に見える形で到来させる。すなわち、「美しく若々しく」現れるものの本当の内実としての、死の欲動の専制支配の君臨である。それだから、民主主義の快適さは、プラトンにとって、僭主政という真の悪夢の中で完遂されるのだ。かくして、プラトンは、世界の問題と時間の問題を検討するや否や、民主主義と虚無主義には関連があると認めるよう提起するのである。というのも、民主主義という無‐世界は、時間への逃走であるからだ。消費としての時間はまた、焼尽としての時間でもある。

それだから、現代世界の紋章は民主主義なのである。そして、若さがこの紋章の紋章である、というのも、それは、差し止められない時間の象徴だから。この若さには明らかにいかなる実質的存在もない。それは、一つのイコン的構築物、民主主義の一つの産物なのである。だが、こうした構築物は身体を呼び求める。そして、この身体は三つの特徴のまわりに構築される。無媒介性（気晴らししか存在しない）、流行（代替可能な現在の継起）、その場に留まったままでの動き（「人は動き回る」）。

では、民主主義者にならないということは、年老いること、或いは年老い直すことなのか？だが、しかし、先に述べたように、老人は目を光らせて、収益を取り立てている。言うべきこと、それはこうだ。民主主義が、死の欲動の組織化としての貨幣的抽象であるのだとしたら、そうすると、それと反対なのは、決して専制や「全体主義」ではない、と。それと反対なのは、この組織化の支配から集合的実存を引き上げようとすることである。消極的な面からいえば、流通の秩序はもはや貨幣のそれであってはならないし、蓄積の秩序も〈資本〉のそれであってはならないということである。それゆえ、諸事物の将来を私有財産に託することは、絶対的に拒絶されるだろう。積極的な面からすれば、人々の将来の主体的制御という——思考の実践という——意味での政治は、科学や芸術と並んで、各々のものたりうる非時間的な諸規範にしたがって、それ自体の価値をもつようになるだろう。だから、それを権力や国家に委ねることは

原注1　この一節は、『国家』第八巻 561d の文中に現れる。ここに与えた翻訳は、私が取り組んでいる、この書物全体の超訳からのもので、これは二〇一〇年末に刊行予定である。この仕事は、プラトンは最重要な同時代人であるのを示そうというものだ。この一節は、私の翻訳でいうと、「四つの前共産主義的政治の批判」と題された第七章からの抜粋である。私は、当然ながら、『国家』の十巻構成の区分けは取り払わなければならなかった。この区分けは、後世に、一人または何人かのアレキサンドリアの文法学者によってなされた、いかなる正当性ももたない切り刻みでしかない。

訳注6　右の原注にあるように、プラトン『国家』からのこの「引用」箇所は、まさしく著者（バディウ）による「超訳」（ないしは翻案）である。参考までに、該当箇所の邦訳を藤沢令夫訳（『プラトン全集11』岩波書店、一九七六年）から以下に付す。

「こうして彼はそのときどきにおとずれる欲望に耽ってこれを満足させながら、その日その日を送って行くだろう。あるときは酒に酔いしれて笛の音に聞きほれるかと思えば、つぎには水しか飲まずに身体を痩せさせ、あるときはまた体育にいそしみ、あるときはすべてを放擲してひたすら怠け、あるときはまた哲学に没頭して時を忘れるような様子をみせる、というふうに。しばしばまた彼は国の政治に参加し、壇にかけ上って、たまたま思いついたことを言ったり行ったりする。ときによって軍人たちを羨ましく思うと、そちらのほうへ動かされるし、商人たちが羨ましくなれば、こんどはそのほうへ向かって行く。こうして彼の生活には、秩序もなければ必然性もない。しかし彼はこのような生活を、快く、自由で、幸福な生活と呼んで、一生涯この生き方を守りつづけるのだ」。

拒絶されるだろう。それは、集結した能動的な人々の直中で、国家とその諸法則の衰退を組織する、そうなるはずである。

この二つの主題を、プラトンは、彼の時代の諸限界の中ででではあるにしても、明確に理解していた。彼はそれを、都市国家の「守護者」の生と呼ばれるものに限定し、それ以外のすべての人々には一定の生産的地位を割り振る。守護者たちは何一つ所有せず、「共有のもの《コマン》」とその分配を司る。彼らの権力は〈理念《イデア》〉のそれに外ならない、というのも、この都市は掟をもたないのだから。

プラトンが賢者の貴族階級に割り当てたこれらの格率が、人類全体の実存に一般化されるだろう。或いはむしろ、アントワーヌ・ヴィテーズ[訳注7]が演劇や美術について、その使命は「皆にとっての選良《エリート》」であることだと語ったように、そう言いたければ、「皆にとっての貴族主義」と言ってもよいだろう。ところが、皆にとっての貴族主義とは、共産主義《コミュニズム》の最高の定義である。そして、衆知のとおり、一九世紀の革命的労働者にとって、まずプラトンこそが共産主義の第一の哲学的形象であった。

ある理説の反対物ということで、戯画化された転倒物ではなく、その装備の総体をまとめて取り外す創造的な肯定を了解するとすれば、次のことがわかる。民主主義の反対物、その際限なき衰退の時代にあって議会主義的資本主義がそれに与えている意味における民主主義の反対物、それは全体主義ではない。それは独裁でもない。それは共産主義なのである。共産主義、ヘーゲルのごとく語るならば、限定された民主主義という形式を吸収し、乗り超えるそれだ。「民主主義」という語のあらゆる権威を宙吊りにして、プラトンによる批判を理解できるようになるための演習を終えたわけだから、私たちはいよいよ、それを、その根源的な意味において、再建することができる。すなわち、自分たちへの権力として了解された、民衆という存在。国家を衰微させる開かれた過程としての、民衆に内在する政治。こうして、明瞭に理解される。真の民主主義者、つまり、民衆の歴史的生に同質化する者であり続けようとするならば、私たちは、今日徐々に案出されつつある諸形態において、あらためて共産主義者になっていくしかない、ということが。

訳注7　Antoine Vitez（1930-1990）フランスの演出家。戦後フランス演劇界の中心的人物として活躍し、特に演劇教育に尽力する。チェーホフ、マヤコフスキー等の翻訳者としても知られる。

永続的スキャンダル

ダニエル・ベンサイード

影絵芝居

戦後の景気の拡大的長期波動の終わり、強制収容所《グラーグ》の問題の暴露、カンボジアの悲痛、続いて、イラン革命、新自由主義的な反動の始まり。一九七〇年代の中頃に、世界の舞台が方向転換し始めた。冷戦の対立軸――資本主義対共産主義、帝国主義対民族解放運動――は、〈民主主義〉と〈全体主義〉の世紀の決闘を鳴り物入りで予告する新たな上演プログラムを前に消え去ったのである。〔ナポレオン失脚後の〕王政復古の下で、簡明直裁な民主主義が、終わりなきテルミドールの結着に、おめでたい正統性のみかけを与えると見なされていたように。しかしかつても今日も、勝利した自由主義者たちは、民主主義的な形式主義の滑らかな表面の下を徘徊する人民主権の亡霊に対する隠れた不信を抱いていた。トクヴィルは次のように自らの内面を吐露している。「私は、民主主義的な制度に頭では惹かれている。しかし、私は生まれからして貴族主義的なのである。言い換えれば、私は大衆を軽蔑し、恐怖している。私は自由や諸権利の尊重を心底愛するが、民主主義は愛さないのである」[原注1]。大衆への恐怖と秩序への情熱、そういったものこそが、自由主義的イデオロギーの根底にあるものであり、このイデオロギーにとって民主主義という用語は、要するに商品の専制とそのゆがみのない競争の仮装具でしかないのだ。

それゆえ、世紀の終わりの影絵芝居上に、〈民主主義〉と〈全体主義〉という二つの抽象物が競って戦っているとみなされ、その代償がそれぞれの背後で働いている諸々の矛盾の抑圧であった[原注2]。より用心深く、ハンナ・アーレントは、「類似がいかなるものであろうとも、差異が本質的なものである」ということを強調していた。トロツキーは、ヒトラーとスターリンを「双子星」と呼び、社会の国家化を、「社会は私である」[原注3]をモットーとする官僚的全体主義の一形態として考えていた。しかし、彼は、社会的かつ歴史的な差異を決して無視しようとはしなかった。それなしでは、ありうべき具体的な政治はもはや存在しないのである。

原注1　*New York Daily Tribune*, 25 juin 1853.

原注2　以下を参照。Enzo Traverso, *Le totalitarisme. Le XXe siècle en débat*. Paris, Points Seuil, 2001.〔エンツォ・トラヴェルソ『全体主義』柱本元彦訳、平凡社新書、二〇一〇年〕。

原注3　Trotski, *Staline*, Paris, Grasset, 1948.〔『スターリン』Ⅰ、Ⅱ、Ⅲ、武藤一羊、佐野健治訳、合同出版、一九六七年〕。

よき牧人たちの回帰

歴史が惜しみなく振りまく諸々のアイロニーのひとつだが、民主主義が自らの不吉な分身に打ち勝つように見えたのは、公的自由と自由な企業活動とを一心同体なものと思わせることができた諸条件が、ばらばらになりはじめていたまさにそのときであった。「栄光の三〇年」のあいだ、議会制民主主義と「社会的市場経済」とのオルド自由主義による結合は、同時に一八四八年以来決して途切れることなく世界にとり憑いていた亡霊の回帰を祓いのけることで、無制約の繁栄と進歩からなる未来を約束するように思われていた。しかし、一九七三年から一九七四年の危機の後で、戦後の拡大的波動の反転は、ある人々がフォード主義的（ないしケインズ主義的）妥協や社会（あるいは「福祉」）国家と呼んだものの土台を掘り崩したのである。

こうして、官僚的専制と実際には非現実的な社会主義の瓦解とともに、民主主義という浮遊するシニフィアンは、勝利した西洋、勝ち誇ったアメリカ、自由市場、ゆがみのない競争の同義語となったのである。同じ時期に、連帯や社会権に対する型にはまった批判と世界の私有化によるかつてない攻勢は、公共空間を次第にやせ細らせた。このようにして、抗争的な複数性としての政治そのものが、諸々の事物と人間の平板な管理のために、世界から完全に消滅するのを目撃するという、かつてハンナ・アーレントが表明した危惧が確認されていったのである。

声高く布告された民主主義の勝利は、トクヴィルにおいてそうであったように、即座に民主主義に対する抑圧しそこねた憎悪を明らかにした。実のところ、民主主義はただ自由な交易や資本の自由な流通を意味しているのではなかった。民主主義は、不安を催させる平等の原理を表現するものでもあったのである。われわれは再び、――フィンケルクロート[訳注1]やミルネール[訳注2]において――、数に関する極端さ、過剰さ、異常な増殖に懸念を抱いている閉じたサークルのエリート主義的な言説を聞いた。

われわれは再び、共通の領土の上に打ち立てられた市民の平等に抗して、血統をもとにした階層と神の選択の高貴さが褒めそやされるのを聞いた。われわれは再び、「民主主義の犯罪的傾向」や無秩序に対置される牧人の統治の穏やかな知恵への賛辞を聞いた。われわれは、もはや民主主義の名ではなく、実証主義者の〈共和国〉と〈秩序における進歩〉の名のもとに、学校、

訳注1　アラン・フィンケルクロート（Alain Finkielkraut 1949-）エコール・ポリテクニックの哲学教授。ヌーヴォー・フィロゾーフの代表的な論客。ベニー・レヴィやベルナール＝アンリ・レヴィとともに、イエルサレムにあるレヴィナス研究所の創設者の一人である。

訳注2　ジャン＝クロード・ミルネール（Jean-Claude Milner 1941-）フランスの言語学者・哲学者で、様々な思想エッセイを執筆している。次に言及されている「民主主義の犯罪的傾向」は、ミルネールが二〇〇三年に出版した『民主主義的ヨーロッパの犯罪的傾向』（*Les penchants criminels de l'Europe démocratique*, Verdier, 2003）を示唆したものである。著者は、この著作に対するランシエールの『民主主義への憎悪』での批判を踏まえて、この節を書いている。

家族、道徳の秩序を支持するすべての人々が立ち上がるのを目撃することになった。これらの人々は、「言語道断な民主主義が、よき統治の言うことを聞かず悪しき統治に適応した社会形態なのではなく、政治の原理そのもの――つまり、〔民主主義とは〕よき統治をそれ自身の根拠の不在の上に据えることによって政治を創始する原理――ではないかという予感を祓いのける」[原注4]ために、突然結集したのだった。

この「共和主義者《マ》－民主主義者《マ》」の神聖同盟の驚くべき声明文が、一九九八年九月四日の『ル・モンド』紙上に、次のような臆病な表題の下で発表された。「もはや恐れることはない！」。いったい誰を、何を、恐れることはないというのか。それとも、あまりにも「自らが怒っていることを声高に叫ぶ傾向を持ち」、それがゆえに、法――いかなる法か？――が適用されることを妨げると非難される、「団体行動」や「社会集団」を恐れることはないというのか。これらの共和主義者－民主主義者は、社会の亡霊への自らの恐怖を祓いのけるために、こぞって結合し「血統の尊重」に訴えた。彼らは、「血統、権限、命令の権威」を引き合いに出した。彼らは、「価値のおとしめられた家族」や「父」や「補佐役」という庇護者像を懐かしんだ。彼らの民主主義への憎悪は、あらゆる権力が持ついかがわしい正統性を前にした眩暈と、新たな権利がつねに既存の権利に対抗できることに対する不安とを露わにしたのだった。

商品民主主義への不満

徳ある共和主義者たちに続いて、不安を感じているのは、今や市場民主主義の擁護者たちのほうである。ピエール・ロザンヴァロン[訳注3]は、「選挙の機能の脱神聖化」、「行政権力の中心性の喪失」、「公務員の人物像の価値の切り下げ」によって顕在化するであろう民主主義への不満を診断している。要するに、民主主義の勝利があったとしても、それはその喪失の序曲でしかなかったのである。「民主主義的理想を積極的に展開させる形式とその道を逸脱させる諸条件とのあいだの境界がこれほど微妙であったことはかつてなかった[原注5]」。反政治と脱政治化という「脅威をもたらす逸脱」は、「民主主義のまさに政治的な次元が明らかにならなければ」、祓いのけられないであろう。

「社会的なものが、ますます試練、帰属、状況、歴史の類似性を共有することによって構成されるようになっている」ことを確認しながら、ロザンヴァロンは、共感や犠牲の重要性が増

原注4　Jacques Rancière, *La haine de la démocratie*, Paris, Seuil, 2008, p. 44.〔『民主主義への憎悪』松葉祥一訳、インスクリプト出版、二〇〇八年、五三頁〕。

訳注3　Pierre Rosanvallon（1948-）社会科学高等研究院の教授とコレージュ・ド・フランスの近現代政治史の教授を兼任する歴史家。自主管理、社会的正義、民主主義等についての多数の著作がある。また、フランス民主主義労働同盟（CFDT : Confédération française démocratique du travail）の主要な理論家の一人でもある。

していると主張する。列挙された語のなかで、社会階級は語彙から事実上消え去ったのである。あたかも、その消滅が不可逆的な社会学的宿命であって、社会的なものに対する政治的働きかけ——競争的個人主義のイデオロギー的かつ法的な促進——の結果ではないかのように。ここから解き難い難問が現れる。この難問を提起する彼の言葉遣いで言えば、特性《カ》＝資格《リテ》のない人間のための、特性《カリテ》のない民主主義の解き難い難問、すなわち、階級のない政治が政治のない政治ではないようにするにはどうすればいいのかという難問である。期待の地平は瓦解し、現在は自らへと縮こまることによって、戦略的理性としての政治は同時に、ただ道具的で管理的な理性のためだけに、無効化されてしまう。それゆえ、ロザンヴァロンが、公選による役職が減る代わりに任命による役職が増え、「諸々の独立的な権威」が多様化することに、衰えた選挙の正統性を支えるための拠りどころを探求するのは、驚くべきことではないのだ。

「真の民主主義」の亡霊

「民主主義的な」という語のシニフィアンは不確かなものなので、多様であってしばしば相反する定義に委ねられる。そのなかでも、レイモン・アロンの最小かつ実用的な定義によれば、民主主義は「権力の行使を目ざす平和な競争の組織化」である。この民主主義は、「政治的自由」を前提とし、この自由なしでは、「競争はゆがんだものとなる」[原注6]。われわれはここに、葬り去られた欧州憲法条約の名高い文面に先だって、議会民主主義の作用と自由市場の作用に共通する「ゆがみのない競争」という観念が提示されているのを見出す。クロード・ルフォールはさらにはっきりと、「民主主義が資本主義と区別されると同時に、資本主義と結びついていること」に誰が異議を唱えられようかと述べている。おそらく、誰も。というのも、問題のすべては、どの点において、民主主義は歴史的に資本主義と結びついているのか（領土的市民権の到来、権力と法の世俗化、神の主権から人民主権への移行、臣下から人民への移行など）を特定し、どの点において、民主主義は資本主義と区別され、それを批判し、乗り超えるかを特定することにあるからである。

原注5　Pierre Rosanvallon, *La légitimité démocratique*, Paris, Seuil, 2008, p. 317. エマニュエル・トッドにとって（*Après la démocratie*, Paris Gallimard, 2008〔『デモクラシー以後——協調的「保護主義」の提唱』石崎晴己訳、藤原書店、二〇〇九年〕）、サルコジは真の問題ではなく、サルコジは「宗教的起源を持ち、領土に根差した、力強く安定的な集団的信念の消失」に由来する「民主主義の全般的動揺」の徴候にすぎない。トッドにとって、ルフォールが要請する空虚な場とは反対に、根や伝統なしには存続可能性のある民主主義は存在しない。同一化をもたらす国民的神話、あるいは文化的神話を活発化させる危険を冒して、今こそ、再び根をおろすときだと考えられている。国境をもたない金融の活動とタックスヘイブンの世界において、トッド氏よ、あなたは、どこに民主主義が根づくのを望んでいるのですか。そして、このような起源と根の探求が血と死の崇拝へと堕さないためには、どうすればいいのでしょうか。

原注6　Raymond Aron, *Introduction à la philosophie politique. Démocratie et Révolution*, Livre de Poche, 1997.

この問題の解決こそ、マルクスが一八四三年以来、ヘーゲルの法哲学と国家哲学に対するしばしば誤解されてきた彼の批判において取り組んだものである。マルクスのクロイツナハ草稿では、「政治的なものの思考と民主主義の思考は、強固に結びついているように思われる」[原注7]。トクヴィルが民主主義を国家（「民主主義国家」）に結びつけ、よりうまく民主主義を革命から切り離すのに対して、若きマルクスは「真の民主主義において政治的国家は消滅するであろう」ということを肯定する。こうして早くも、国家の廃棄、あるいは国家廃絶の主題が現れる。しかしながら、「真の民主主義」において政治的国家は消滅するであろうということを肯定することは、社会的なものへと政治的なものを解消することを意味しないし、また、普遍的なものを担う形式へと政治的契機を範疇転換することをも意味しない。「民主主義において、いかなる契機も民主主義に帰着する以外の意味作用を獲得しない。つまり、各契機は現実的には、全体としての〈人民《デモス》〉の契機に他ならない」。だとすれば、政治は、諸々の媒介の戦略的な技術として存在していることが分かる。

この若きころの直観は、マルクスにおいて、支配と従属の闘争的関係の単純化されたヴィジョンのためにすぐさまうち捨てられる気まぐれな思いつきではない。「真の民主主義」は、決して全面的に忘れ去られたのではない。それは、「隠れた潜在的な次元」として――若きころのテクストをパリ・コミューンについてのテクストや『ゴーダ綱領批判』に結びつける一本の導きの糸として――存続している、とミゲル・アバンスール[訳注4]は主張している。

政治の希少性、民主主義の間欠性

民主主義的な主張の矛盾と両義性は、自由主義的なグローバリゼーションの試練にさらされることで明白なものになった。民主主義的幻想への批判と、カール・シュミットによる議会制の無力さへの批判が追い風にのっているのも、それらの批判が、かつて勝ち誇っていた人道主義的道徳主義に報復しているのも、驚くべきことではない。[原注8] これらの過激な批判は、多くのものを共有しており、時には、混ぜ合わされることもあるように思われる。しかしながら、これらの批判は、別々の、それどころか相反しさえする方向へと向かう。

「数の専制」と多数原理へのプラトン的批判は、政治を「真理なき複数の意見の対決」に対

原注7　Miguel Abensour, *La Démocratie contre l'État*, Paris, Seuil, 1988.
訳注4　Miguel Abensour（1939-）パリ第七大学（ドゥニ・ディドロ）の政治哲学の名誉教授。ここで言及されているマルクスと民主主義の関係に関する著作のほか、社会主義的ユートピアの思想（ピエール・ルルー、ウィリアム・モリス）、ハンナ・アーレント、エマニュエル・レヴィナス等についての著作・論文がある。
原注8　Carl Schmitt, *Parlementarisme et démocratie*, Paris, Seuil, 1988.〔『現代議会主義の精神的地位』稲葉素之訳、みすず書房、二〇〇〇年〕。

置させるようにアラン・バディウを導く。永続的な拡張運動としての民主主義は、ランシエールにおいて、政治学が考えるような、制度や体制としての民主主義に対置される。二人は、歴史やポリスではなく、出来事としての例外の次元に属する政治は、希少で、間欠的なものであるという考えを分かち合っているように思われる。それゆえ、「僅少な政治が存在」し、それは「つねに局所的で、機会原因的」であると、ランシエールは書いている。また二人とも、人民をその統計的形式へと切り縮めるものとしての選挙への批判を分かち合っている。あらゆる領域において、評価が定められ、すべてが、量化され、測定可能なものとされ、数だけが法と同じ効力を持ち、多数者が真理の価値を持つものとされる時代において、二人の批判は必要なものである。しかし、それで十分なのであろうか。

哲人王

「私はあなた方に言わなければならない。私は、絶対に普通選挙それ自体を尊重しない。尊重するかどうかはこの選挙が何をしたかによる。普通選挙は、それが生み出すものとは無関係に尊重すべき唯一のものなのか。だとすれば、それはなぜなのか」[原注9]。数と投票という選挙の掟へのこのような挑戦は、数の上での多数者はけっして真理や正義の証明ではないということを正当にも思い起こさせる。しかしそれは、社会的取り決めや法的形式主義については何も語らない。法的形式主義なしでは法はつねに力へと切り縮められ、多元主義は各人の恣意のなすがままのものに切り縮められてしまう。

民主主義に対するバディウの根本的批判は、資本主義やすべて同じ価値を持ち互いに同等となる市場的等価性と民主主義とを無条件に同一視することにその基礎を置いている。「もし民主主義が代表制だとしたら、それはまず資本の法定代理人という形態を帯びた一般システムの代表である。言い換えれば、選挙による民主主義は、それがまず、今日「市場経済」として称えられている資本主義の合意形成の表現であるかぎりでしか、代表的なものではない。以上のようなものが、民主主義の根本的な腐敗を形作っており、このような民主主義に対し、マルクスが、プロレタリア独裁と自ら呼んだ移行期の独裁しか対置することができないと考えていたことは、理由のないことではない。言い方は強烈だが、それは、代表と腐敗の弁証法の錯綜した道筋を明らかにしたのである[原注10]」。しかしながら、マルクスにとって、独裁は民主主義と矛盾するものではまったくなく、「民主主義独裁」は、レーニンにおいて、撞着語法ではまったくない。歴史的場面の連なりは、バディウにおいて、確認事項に属するものであり、あたかも、各々

原注9　Alain Badiou, *De quoi Sarkozy est-il le nom ?*, Paris, Éditions Lignes, 2007, p. 42.〔『サルコジとは誰か？――移民国家フランスの臨界』榊原達哉訳、水声社、二〇〇九年、五三頁〕。
原注10　*Ibid.*, p. 122.〔同前、一四四―一四五頁〕。

の場面の展開とその結末は、発端の出来事への忠実さによって支えられながらも、その役者たちの方向付けや決断には無関心であるかのようである。「民主主義の敵が、〈全体主義とまずく名づけられた〉一党独裁であるのは、この独裁が共産主義の〈理念〉の最初の場面の目的を完遂したというかぎりにおいてでしかない。唯一の真の問題は、官僚的なテロリズムとは異なる手段によって、諸利害の駆け引きに対してこの〈理念〉を優先させるような、この〈理念〉の第二の場面を切り開くことにある。要するに、プロレタリア「独裁」と名づけられたものの新たな定義と新たな実践が問題なのである」。過去の諸々の場面についての批判的、歴史的、社会的な反省を欠いているため、この不確定な新機軸は空転している。それは来るべき実験作業へとわれわれを送り返すだけである。それでもやはり「規律なしになされるものは何もない」ということに変わりはないが、「規律の軍事モデルは乗り超えられなければならない」[原注11]。同じ論文のなかで、バディウは共産主義の第三段階を引き合いに出す。その段階は、「社会主義的な分離の終焉、権利要求ばかりするエゴイズムの放棄、同一性のモチーフの批判、非軍事的な規律の提案を中心に据える」。この非軍事的な規律は、なにに依拠することができるのだろうか。神秘《ミステール》＝謎である。共通の企図を目ざして民主主義的に同意される合意が欠落しているために、それは、宗教的信仰や哲学的知の権威、それらの真理の言葉の権威の上にしか依拠することができないであろう。

バディウはマルクスとは異なり、民主主義のテーマを内破させるためにこのテーマの実際の矛盾のただなかで立場表明を行うことを避ける。バディウは、端的にこの主題に対して距離を取る。「以下の点が本質的である。つまり、その始まりから、共産主義の仮説は、現代の議会主義へと至ることになる民主主義の仮説とまったく一致しないということである。共産主義の仮説は、別の歴史、別の諸々の出来事を包摂する。共産主義の仮説によって明らかにされた、重要で創造的であるように思われるものは、ブルジョワの民主主義的な歴史記述が選別するものとは別の性質を持っている。それゆえ、マルクスは〔……〕あらゆる民主主義的な政治主義に対して距離を取り、パリ・コミューンの経験を生かして、ブルジョワ国家は、たとえそれが人々が望む民主主義的なものであったとしても、破壊されなければならないということを主張したのである」[原注12]。その通りである。しかし、破壊の後には何が残されるのか。タブラ・ラサ、白紙、出来事の純粋性における絶対的な開始であろうか。あたかも、革命が、出来事と革命を、行為と過程を、連続と不連続を編み合わせないかのように。あたかも、人々は、現実の社会状況からつねに再開するわけではないかのように。バディウにおいて解決されていない問題は、スターリニズムとマオイズムの問題である。とはいえこの二つの問題を混同してはならない。バデ

原注11　Alain Badiou « Mai 68 puissance 4 », *À Bâbord*, avril 2008.

原注12　Alain Badiou *De quoi Sarkozy…, op. cit.*, p. 134.〔前掲、一五八―一五九頁〕。

ィウは、サルコジに対する彼の攻撃文書のなかで次のように書いている。「スターリンの時代においてて、労働者と大衆の政治的組織は、はるかにましであり、資本主義は今ほど傲慢ではなかったと言わなければならない。サルコジとスターリンそれぞれの時代を比較する必要すら、存在しない」。この定式は、もちろん挑発と同種のものである。仮に、「スターリンの時代の」労働者の党と組合がより強かったということが議論の余地がなかったとしても、この単純な確認事項は、その強さがスターリンがいたおかげでなのかそれともスターリンがいたにもかかわらずなのかについては語らないし、とりわけ、スターリンの政治がかつて解放の運動にもたらした犠牲、そして今なおもたらしている犠牲についても語らないのである。『リベラシオン』紙上での対話はより慎重なものである。「スターリンへの私の唯一の敬意は、次の理由によるものです。つまり、彼が資本家たちに恐怖を与えていたからです」。それでも、いきすぎた敬意である。資本家たちに恐怖を与えていたのはスターリンなのであろうか、あるいは別のものであろうか。例えば、一九三〇年代の労働者たちの偉大な闘争、アストゥリアス〔スペイン北西部の旧地方〕、カタロニアでの労働者義勇軍、人民戦線の出現なのではないだろうか。要するに大衆の恐怖である。多くの状況において、スターリンは資本家たちにそれほど大きな恐怖を与えなかっただけではない。一九三七年五月のバルセロナ、独ソ不可侵条約、ヤルタの世界分割、ギリシアのレジスタンスの武装解除。これらの日々において、スターリンはむしろ資本家たちの協力者で

あったのだ。[原注13]

スターリニズムの批判は、バディウにおいて、方法の問題に切り縮められる。すなわち、「軍事的方法によっては、農業や産業を管理運営することはできないし、国家の暴力によっては、集団的社会に平和をもたらすことはできない。審理にかけなければならないものは、党、つまりわれわれが党形式と呼ぶものへと自らを組織するという選択である」。こうして、バディウは、幻滅したユーロ・コミュニストたち[訳注5]の表層的な批判に結局合流することになる。歴史的な新機軸の措置を取ることを断念したユーロ・コミュニストたちは、世紀の悲劇を党派形式や組織方法に帰したのである。ならば、「党形式」を断念するだけで十分なのであろうか。あたかも、何百万もの死者と抑留者を産み出す結果となった、官僚的な反革命ほど重要な出来事が、現在作用している社会的諸力、それらの世界市場との関係、社会的分業の諸効果、経済的な移行形式、政治制度についての別の重要性をもつ問いかけを何一つ提起しないかのように。そして、もし党が問題なのではなく、解決の要素であるとしたらどうであろうか。

原注13　以下を参照。Luciano Canfora *La Démocratie, histoire d'une idéologie*, Paris Seuil, 2007.

訳注5　ユーロ・コミュニズムとは、一九七〇年代イタリア、フランス、スペインの共産党がソヴィエト共産党から離れて独自路線をとった西側共産主義の運動を指す。ソ連や東欧型の共産主義と異なり、市場原理や議会制民主主義のもとでの共産主義を掲げている点に特徴がある。

切り縮めることのできない「民主主義の過剰」

絶対的に誤った解釈の危険を顧みず、無知かつ／あるいは怠惰なジャーナリストたちは、「民主主義の過剰」へのランシエールの肩入れと、セゴレーヌ・ロワイヤル風[訳注6]の制限された「参加型民主主義」とを取り違えた。民主主義はランシエールにとって、「正しい秩序」とは正反対に、国家形式ではない。民主主義は、「まず、政治の逆説的な条件、つまり、あらゆる正統性が、その最終的な正統性の不在や不平等の偶然性そのものを支える平等の偶然性に直面する点」にある。民主主義は「絶えず、寡頭制的な統治から公的生活の独占を、そして、富から生に対する全面的権力を引き離す行動[原注14]」である。それは、「統治の形式でも、社会的生の様式でも」なく、「主体化の様態であり、この様態を通じて、政治的主体が存在するのである」。そして、この様態が「政治の思考を権力の思考から切り離すことを想定するのである[原注15]」。それは「政治体制ではなく」、「政治の制定そのもの」なのである。

スリジーでのコロックのとき、ランシエールは、組織と党の戦略的な問題への実践的回答の不在という理由で彼を非難した発言者たちに、「政治的集団の組織形式の問題には関心を決して抱か[原注16]」なかったと応答した。あらゆる思弁的な左翼思想から距離をとりながら、「まず、一定の効果の産出として」、「ある能力の肯定」、「見えるものや思考しうるもの、可能なものの領土の再配置」として、「政治を思考すること」が、ランシエールにとってより重要なことである。しかし、後の対談では、ランシエールは自らの立場に含みをもたせている。「問題は、一触即発の場をもっぱら価値づけることによって、組織原理の信用を失墜させることではないのです。私の主題は、組織化対自然発生性というあらゆる論争や対立の外に位置づけられるのです」[原注17]。ランシエールはなによりもまず、政治が意味するものを再考することを目指す。その議論によれば、「政治は厳密な意味でアナーキーなものである」。つまり、第一原理を持たないのである。

国家の廃絶と／あるいは政治の廃絶

一九五六年のハンガリー革命と東欧の官僚的専制の経験に糧を得て、アグネス・ヘラー[訳注7]とフエレンク・フェヘールは、絶えず、国家フェティシズムと闘いながら、「国家と制度の全面的廃

訳注6　Ségolène Royal（1953-）一九七八年社会党入党。二〇〇七年のシラク大統領の任期満了後のフランス大統領選挙に立候補したが、ニコラ・サルコジに敗れる。

原注14　J. Rancière, *La haine de la démocratie*, *op. cit.*, pp. 103-105.〔前掲、一二六―一二九頁〕。

原注15　J. Rancière, *Au bord du politique*, Paris, La Fabrique, 1988, p. 13.

原注16　*La Philosophie déplacée*, colloque de Cerisy, Horlieu Éditions, 2006.

原注17　Repris dans *Politiqument incorrects. Entretiens pour le XXI*^{e} *siècle*, Daniel Bensaïd(ed.), Paris, Textuel, 2008. p. 301.

棄のユートピア的な展望」を遠ざけた。そこで問題なのは、「単に不可能な企てだけでなく」、「疎外を減少させていくことができる国家と制度の代替可能なモデルを」思考することを妨げるユートピアなのである。「もし国家が社会をむさぼり食うのならば」、民主主義的自由は消滅することを余儀なくされる。そして、「もし人が同質の意志を表明する社会を想像しえないならば、人は、全員の意志と利害を考慮に入れることを保証する契約システムを検討しなければならない。したがって、民主主義の行使が取るであろう具体的な形態を考慮しなければならないのである」[原注18]。

よく知られているように、このような官僚的全体主義への批判は、一九八〇年代の「ユーロ・コミュニズム」の諸政党に、彼らが資本の腹話術的な命令へと無条件に服従することの理論的正当性を与えた。それでもなお、この批判は、「国家廃絶」についてのマルクスのためらいがちな定式化に結びついた曖昧さと危険を明らかにした。一八七一年春の六週間のコミューンの自由に関して、国家権力は「今や廃棄され」ると、マルクスははっきりと書いていた。廃棄される？　言い方は強烈なものである。それは、プルードンやバクーニンとの論争と矛盾しているように思われる。なぜならば、マルクスはこの論争において、賃金制の、あるいは国家の廃絶が宣言されうるという考えに反対したからである。したがって、むしろ問題は、労働時間の削減、所有関係の変化、労働の組織化の根本的な修正によって、可能性の諸条件を結び合わせなければならないとされる、一つの過程であろう。そこから、（国家の）消滅や廃絶という、過程に関する用語が生じるのである。これらの用語は、「永続革命」に倣って、行為と持続のつながりに強調点を置くのである。

問題は、国家廃絶を、すべての国家機能を社会的自主管理や単なる「事物の行政管理」のうちに吸収することとして解釈することではない。いくつかの「中心的機能」は存在し続けなければならないが、しかし、その存続は人民の管理の下での公的機能としてである。だとすれば、国家廃絶は、社会的なものの単なる合理的な管理のなかでの政治の廃絶やその消滅を意味しない。それは、諸制度の脱官僚化と、公共の事柄を永続的な討議に付することによって、政治的闘争の領域を拡大することをも意味しうる。このような解釈は一八九一年版のエンゲルスの序文のなかで確証されている。当時、彼は次のように書いている。「新しい自由な社会的諸条件のなかで育った一世代が、国家というがらくた全体をすてることができる」まで、プロレタリア

訳注7　Agnès Heller（1929-）　ブダペスト生まれのマルクス主義哲学者・社会学者。ジェルジ・ルカーチの弟子。ユダヤ系の出自で、第二次世界大戦時に父を収容所で失った幼少の経験や一九五六年のハンガリー動乱を経て、全体主義と自由の関係について考察を深める。同じくハンガリー出身で、ルカーチの弟子であるフェレンク・フェヘール（Ferenc Feher）と共に多くの著書を書く。

原注18　Agnès Heller et Ferenc Feher, *Marxisme et démocratie*, Petite Collection Maspero, 1981, pp.127 et 237. *Ibid.*, p. 301.

は国家の最も有害な側面を「削り」とらずにはいられないだろう。問題は、布告による国家の廃止を抽象的に宣言することではなく、国家の官僚的ながらくたなしですますことを可能にする諸条件を結び合わせることである。したがって、権力の獲得は、第一歩、始まり、過程の開始でしかないのであって、過程の完成ではないのである。

ルソーの過失？

民主主義の実際の諸矛盾（ノルベルト・ボッビオ[訳注8]がかつて書いたような民主主義の「逆説」ではなく）は、社会契約のアポリアのなかに書きこまれている。ルソーによって、「力は法を作らず」、「人は正統な権力にしか従うことを強いられない」とされているので、正統性の根拠の、合法性と正統性のあいだの乗り超えがたい緊張関係の問題が提起される。一方から他方へと、訴えはつねに開かれている。共和暦第二年憲法に書きこまれた蜂起への権利は、その不可能な法的表現なのである。

もし自由が「人が自らに課す法への服従」であるならば、自由は、それ自身の否定、すなわち、共同体全体への各成員とその成員の権利の「全面的な譲渡」を含むのである。というのも、「各人はすべての人に自己を譲り渡すから、誰にも自己を譲り渡さないことになる」からである。各人が、「一般意志の最高の指揮の下に」自らの人格を位置づけ、そして、各成員が「分割不可能な全体の一部」になることによって、一つの公的人格、あるいは一つの「政治体」が構成されるのである。この政治体は、それが受動的であるときには、国家と呼ばれ、それが能動的であるときには、〈主権者〉と呼ばれる。こうして、全員に適用される非人格的な法への自発的服従が、アンシャン・レジーム下の人格的従属や恣意にとって代わるのである。しかし、この転換は、契約と所有的個人主義という自由主義的諸前提と途端に矛盾するようになる極端な全体論を代価とする。

この矛盾は、無制限な私的領有権に対抗する「公的所有」という概念のなかに再び見出される。もし、国家が社会契約に基づいて、その成員のすべての財を支配するならば、あらゆる人間は、「本来、自らに必要なものに対して権利をもつ」というのだが、「各個人の自らの土地への権利は、共同体がすべての土地に対してもつ権利に従属させられる」という、あるいは、ヘーゲルにおいてそうであるように、「危急権」[訳注9]が所有権の優位に立つという結果をもたらす。こうして、社会契約は、「取り決めと権利とによって平等な」市民のあいだに道徳的かつ正統な平等を制定するのである。したがって、ルソーは、民主主義の問題を所有の問題へと結びつける

訳注8　Norberto Bobbio（1909-2004）主にトリノの大学で教鞭を取ったイタリアの政治・法哲学者。第二次世界大戦中に反ファシズム闘争に参加。一九七〇年代に、マルクス主義と国家の関係を問い直す論文を書き、大きな議論を巻き起こした。

理論的知性を持った、最初の人々のうちの一人なのである。

結合行為は、公衆と諸個人との「相互的契約」である。この行為は、あらゆる契約者が、国家の成員かつ主権を有する成員として自身と契約し、そうして、自らが属する全体への義務を負うということを仮定している。しかし、そうだとすると、「政治体」の本性は、〈主権者〉が、自らが侵すことのできない法を自らに課すことの不可能性を含意することになる。「人民の集団にとって、いかなる類の強制的な根本法も存在しえない。社会契約すらも存在しえないのである」。言い換えれば、契約はつねに修正可能であり、構成的権力は譲渡不可能なのである。ここから、論理的帰結として、法と同じ効力を持つ蜂起への権利が現れる。

その結果、「〈主権者〉は、それが存在するという事実だけで、常にあるべき姿をとっている」ので、代表の不可能性が生ずることになる。もし主権が「一般意志の行使」でしかないとするならば、主権は実際には譲渡されえない。権力は委任されうるが、意志はそうではない。〈主権者〉は「いま」、つまり現在において意志を持つことはできるが、明日の分まで意志することはできない。というのも、「意志が未来に対しておのれを拘束すること」は不条理であるからである。ここに、今日ロザンヴァロンが非難する「無媒介な民主主義」の基礎がある。それにしたがえば、〈主権者〉は「自らによってしか代表されえないであろう」。

起こりそうにない奇跡

一般意志は確かに「つねに正しく」、そして、それはつねに公共の利益を目指すのであるが、そのことから、「人民の討議がつねに同じ正しさを持つ」という結果がもたらされるわけではない。「人民は腐敗させられることは決してないが、しばしば欺かれるのである」。それゆえ、人民においては、矛盾ではなく、欺瞞、操作、洗脳が存在する。これこそ、現代の陰謀論の最初のヴァージョンであるが、そこには、イデオロギーという決定的な観念が欠けている。[原注19]「一般意志が誤りうる」のは、必然的に「陰謀をめぐらす一味」や「反乱分子」、人民の敵の策略、「大結社を犠牲にする部分的結社」によるものだという結果が、論理的必然として生じる。したが

訳注9　〈危急権（独：Notrecht 仏：droit de détresse）〉について、ヘーゲルは『法の哲学』の§127と§128で論じている。§127では次のように論じられている。「自然的な意志のもろもろの利害関心の特殊性は、それらの利害関心の単純な総体性にまとめてみれば、生命としての人格的現存在である。この生命は、究極の危険に瀕し、ある他人の正当な所有と衝突したばあい、危急権を〔衡平としてではなく権利として〕要求しなければならない。なぜなら、そういう場合には、一方の側に現存在の無限な侵害と、したがって全面的な権利喪失とのおそれがあるのに、他方の側には、ただ自由のある個別の制限された現存在の侵害のおそれしかないからであり、したがってこの場合同時に、権利そのものと、ただこの所有の点でだけ侵害された者の権利能力とが認められるからである」（ヘーゲル「法の哲学」『ヘーゲル』岩崎武雄責任編集、藤野渉・赤澤正敏訳、中央公論社、一九七八年、三三〇頁）。

原注19　以下を参照。Isabelle Garo, *L'Idéologie ou la pensée embarquée*, Paris, La Fabrique, 2009.

って、一般意志が正しく現れることができるために、「各市民が自らにのみしたがって意見を表明する」ことが可能になるように、国家の中の「部分的な社会」（あらゆる党！）を追放しなければならないだろう。この定式は、自由で合理的なものと想定されている主体への信頼を象徴しているが、それは容易に、次のような事実への信頼に向きを転じる。その事実とは、理性の総和が、ただちに国家理性へと転じる〈理性〉のなかで頂点に達するというものである。

しかしながら、ルソーにおいて、この信頼は、「一般意志はつねに正しい」が、「一般意志を導く判断はつねに啓蒙されているわけではない」という考えによって、ただちに和らげられている。ルソーは、葛藤の経験の側によりも、教育学と教育の側に、この厄介な事実確認への応答を模索する。「公衆が善を必要としながら、しかし、それが見えない」とき、公衆は、自らに「よき道を示す」ことのできる「導きを必要とする」のである！

したがって、一般意志は、民主主義の袋小路に陥る。社会生活の最善の規則を公布するためには、「人間のあらゆる情念をわきまえながらも、そのいずれにも動かされない高次の知性を」、すなわち、ラプラスの悪魔の一種の法－道徳的な双生児を「必要とするであろう」。全体性のこのような到達不可能な視点は、立法者を「あらゆる点において、国家における例外的な人間」にする。というのも、法を支配する人は、人々を支配してはならないからである。この立法者は、「暴力なしで導き、説得することなく同意させ」うる、別の次元の権威に訴えなければならない。こうして、ハンナ・アーレントが後に「法制定の悪循環」と呼ぶことになるものから抜け出すために、ルソーは、理想的な人民の同質性と、彼が階級闘争として定式化することのできなかった、現実の人民の分割とのあいだの隔たりを埋めるように見なされている、取り決めに基づく超越性、すなわち市民宗教を引き合いに出すことを余儀なくされるのである。「神々に語らせることはどのような人間にでもふさわしいというものではない」ので、啓蒙専制君主というジョーカーへの訴えが浮かび上がる。「立法者の偉大な魂こそ、彼の使命を証明するに足る真の奇跡なのである[原注20]」。

制度を思考すること

ルソーの思考が停止するところで、共和主義の制度の必要性についてのサン・ジュストの問いかけがテルミドールの前夜に後を引き継ぐ。「制度は、公的自由の保障であり、政府と社会状態を道徳化し」、そして、「正義《ジュスティス》＝司法の支配を基礎づける」。というのも、「制度なしでは、共和国の力は、脆弱な人間の能力か、さもなければ不安定な手段に依拠することになる」からである[原注21]。死刑台に登る前のいく日かにおいて、サン・ジュストは、解放闘争のすべての偉大な敗

原注20　Jean-Jacques Rousseau, *Le Contrat social*, Paris, Aubier, 1943, p. 187.〔『ルソー全集』第五巻、作田啓一訳、白水社、一九七九年、一四九頁〕。

北者たちを思い起こしている。彼らは「不幸にも制度なき国々に生まれた。彼らは、あらゆる英雄的行動の力に支えられたが、徒労に終わった。勝ち誇る党派たちは、彼らを、その栄光の日々にもかかわらず、一日で永遠の夜に投げ込んだのだ」。サン・ジュストにとって――後のゲバラにとってと同様に――、「英雄的行動の力」と範例の効力は、構成的権力と制度化された民主主義のあいだの悲劇的な隔たりを埋めるのに十分なものにならないであろう。

　革命の「悲痛な真理」の経験は、サン・ジュストがその遺言となるテクストのなかで書いているように、「制度によって犯罪を抑制するという考えを私に構想させた」。「制度は、激しい軋轢や暴力を避けるために、社会と個人のあらゆる保障を実際に打ち立て、人間の影響力の代わりに習俗の影響力を用いることを目的としている[原注22]」。あたかも最後の夜の沈黙へとかき消えるまえに最後のメッセージを発するかのように、サン・ジュストは、次のように主張する。「制度によって人格的な影響力を法の力と厳正な正義に置き換え」なければならない。「そうすれば革命は揺るぎないものとなる」。サン・ジュスト、ゲバラ、ルムンバ、そして他の多くの人々にも、彼らがわれわれに謎として残した民主主義の神秘的な方程式を解く時間がなかったのである。

「歴史社会的なもの」は「制定する社会と制定された社会の、作られた歴史と自ら作りあげる歴史との結合と緊張[原注23]」であると、カストリアディス[訳注10]は主張している。いかなる尺度において、社会は自らを制定し、制定されたものの自己永続化を逃れることができるのだろうか。ここにあるのは、「革命の数々の問い、革命の問いそのもの」である。それは、「理論化可能なものの諸境界を乗り超えずに、一挙に別の領域に、すなわち、歴史の創造性の領域に位置づけられるのである〔ベンサイドが引用したカストリアディスの本文には正確には、「すなわち」の直前に、「われわれが言っていることが何らかの意味を持っているとすれば」という文が存在している〕」[原注24]。付け加えよう。革命の問題は、このような創造性が行使される政治的実践の領域に、闘争の不確実性に開かれた世俗的歴史のなかに、位置づけられるのだと。

原注21　Saint-Just, « Institutions républicaines », in *Œuvres complètes*, Paris, Folio Gallimard, 2004, p. 1087.

原注22　*Ibid.*, p. 1091.

原注23　Cornelius Castoriadis, *L'Institution imaginaire de la société*, Paris, Points, Seuil, 1999, p. 161.〔『社会主義の再生は可能か――マルクス主義と革命理論』江口幹訳、三一書房、一九八七年、二二六頁〕。

訳注10　コルネリュウス・カストリアディス（Cornelius Castoriadis 1922-1985）ギリシアからフランスへ移住し、トロツキストとして活動。一九四八年トロツキストと決別し、クロード・ルフォールらと共に翌年から一九六五年まで、雑誌「社会主義か野蛮か」を発行する（ルフォールは一九五八年に脱退）。経済協力開発機構（ＯＥＣＤ）で経済官僚として働きながら、民主主義やエコロジー等についての著作・論文を執筆した。ルフォールと並ぶフランスの現代政治哲学の代表的人物である。

原注24　*Ibid.*, p. 319.〔『想念が社会を創る――社会的想念と制度』江口幹訳、法政大学出版局、一九九四年、八九頁。*L'Institution imaginaire de la société* の邦訳は原注23に記した邦訳と二分冊で出版されている〕。

クロード・ルフォールは民主主義を、「人々が不確実性に耐えながら、生きることに同意し」、そして、「政治的活動がある限界にぶつかる、社会形式」と名づけている。この民主主義は、その定義からして、相対主義的な懐疑論者の逆説にさらされている。というのも、この懐疑論者は、自らの懐疑を除いて、すべてを疑い、その結果、疑いを抱いた独断論者ないしは懐疑の教条主義者になるからである。とはいっても、この危険を意識しながら、ルフォールは、「相対主義は、人が民主主義の価値について問いかけるに至るときに、その頂点に達する」[原注25]ことを認めている。しかし、民主主義的な平等の原理そのもののなかに書きこまれている不確実性から、いかにしたら逃れられるのであろうか。

問題は、「民主主義を世俗化すること」、神学的問題の世俗的問題への変換を追求すること、そして、そのために、失われた神話的統一性を探し求めて政治的なものを社会的なものに切り縮めようとするのをやめることであろう。神話的な「偉大な社会」や原初的な〈共同体社会《ゲマインシャフト》〉の復興を目ざしながら、社会的なものによって政治的なものを残らず吸収するという主張は、実際には、社会的なものの切り縮めることのできない異質性と矛盾する、同質的な社会を前提としている。全体主義的体制の経験は、諸々の関係がまったく可視的でまったく言表可能なものになるような社会的なものの到達点」を表すことは不可能であることをわれわれに教えると、ルフォールは主張している。

ほとんど反対の観点から、ランシエールもまた、「社会的なものによる政治的なものの観念的な切り縮め」を、政治的なものの社会学的な終焉として――「社会的なものの政治的自己制御」へと民主主義を切り縮めるものとして――考えるのである。そうなると、一九七〇年代における、「政治哲学」の巻き返しという見せかけのもとでの、「純粋な政治学」やそのイデオローグの華々しい回帰は、「社会的なものは、固有の実存領域ではなく、政治の係争の対象である」という事実を隠蔽しているのだろう。社会的なものの政治的な（また、想像的ないしは象徴的な）制定が存在するのだろう。そして、「政治的なものの回帰に関する哲学者たちと政治的なものの終わりに関する社会学者たちとのあいだの論争」は、「政治を無効化する合意形成的実践を演ずるために政治哲学の諸前提を取り上げていく望ましい順序」についてのいんちきな議論でしかないであろう。

民主主義を世俗化する？

社会を擬人化しないこと、あるいは社会が「身体をなす faire corps」ことができると信じな

原注25　Claude Lefort, *Le Temps présent*, Paris, Belin, 2007, p. 635.

いことは、すでに、ウォルター・リップマンが実用面で配慮していた点であった。というのも、リップマンは、大戦間期において、大衆国家ないしは「全人民国家」を利する形での階級闘争の否定によって政治的空間を無効化する状況に直面していたからである。彼は、最後に挑戦的な身ぶりで「社会は存在しない」と言い放っている。したがって、ジョン・デューイにとってと同様に、彼にとって、民主主義を世俗化することは、あらゆる彼岸、あらゆる超越、あらゆる背後世界、あらゆる最終的根拠を投げ捨て、政治的判断の乗り超え不可能な不確実性を受け入れることを意味していた。目的が手段を正当化すると考える功利主義的道徳の対極に位置し、目的そのものの正当化について問いかけながらも、しかし、階級闘争という最終的判断基準を結局引き合いに出すことになるトロツキーに応えて、デューイは、修正された超越性へのひそかな訴えを彼が自らに許していると非難した。目的と手段の相互作用の円環は、実際、いかなる消失点も可能にせず、政治的決断は、不確実性の切り縮めることのできない寄与を余儀なくされる。乗りかかった船であるがゆえに、われわれは賭けなければならない。

リップマンは、「民主主義が、自らの限界と達成可能な諸目的とについての明晰な観念へと至ることを妨げる[原注26]」であろう、社会という神秘的な観念に異議を唱えた。民主主義は普遍的な道徳的規範なしに、単なる利害の闘争を淡々と解決しなければならないだろう。リップマンは選挙を通じた正しい人民の意志の表明についてそれほど幻想を抱かない。というのも、有権者は時間がないため、「諸問題を検討する」ことができないからである。政治は職業ではないので、個人的な無能力の総和が民主主義において、集合的な能力を作りだすであろうという向こう見ずな仮説に対して、リップマンは懐疑の明晰さを対置する。「神秘的な民主主義者たちがするように、個人の無知の総和が、公共の問題を導くことができる継続的な力を産み出しうると考えるこれっぽっちの理由も存在しないのである」。各人がすべてのことに興味をもつのは不可能であるから、したがって、係争にさいしては、直接的に関わりのある当事者たちが合意を見出すのが理想であろう。「当事者」の経験は、そうでない人の経験と根本的に異なるからである。

リップマンにとって避けられない結論とは、民主主義的な理想が、過剰な野心を通じて、幻滅や専制的な介入形態への逸脱に至らざるをえないというものだった。したがって、「公衆をもとの地位＝席 place に戻す」必要があったのである。それは言葉の二重の意味においてである。つまり、公衆にみずからの慎み深い義務を想起させ、見物席に公衆を座らせるということである。[原注27]

原注26　Walter Lippmann, *Le Fantôme du public*, Paris, Demopolis, 2008, p. 39.〔『幻の公衆』河崎吉紀訳、柏書房、二〇〇七年。ベンサイードが引用している箇所はリップマンの著作の仏訳に付されたブルーノ・ラトゥールの序文「公共精神の亡霊」（pp. 3-44）におけるリップマンの文章の引用である〕。

原注27　*Ibid.*, p. 143.〔同前、一一一頁〕。

諸々の空間と時間の不調和

ランシエールにとって、代表制は「明らかに寡頭制の一形態」である。代表制は、その起源からして「民主主義と正反対のもの」[原注28]である。反対に、ルフォールにとってと同様、カストリアディスにとって、「権力の脱身体化＝脱団体化 désincorporation」[訳注11]は「代表制の舞台」をもたらす。代議制民主主義は、単に代表者たちが彼らを任命した市民たちに代わって政治的権威に与るシステムであるばかりでなく、しばしばはなはだしいものとなりがちな歪曲を代償としつつも、社会に「相対的可視性」を与えるものである。それは、とりわけ、団体の利害に限定されない共通利害を出現させることを可能にする論争の空間を画定する。その動的な原理は、「社会的闘争の、政治的、経済的、司法的、美学的領域の分化の、そして、諸々の風俗や振る舞いの異質性の、十全な承認」であろう。[原注29]

したがって、代表制は、単に社会の切り縮めることのできない異質性の帰結としてのみならず、諸々の党や国家に対する社会運動の複数性とその必然的な自律性を基礎づける、諸々の社会的な空間および時間の、調和を欠いた複数性の帰結としても現れる。不調和な諸々の時間性の変速機として、ばらばらな諸々の空間の可変的尺度として作用することで、政治的闘争は、全体性の観点からみればつねに一時的なものであるとはいえ、時間と空間の統一性を決定する。

だとすれば個人の自由の拡大は、公共空間の到来と切り離すことができなくなる。このような公共空間が廃れるとき、政治的代表制は茶番劇ないしは道化芝居になる。かくして、政治的代表制は大戦間期に「オペレッタ」へと変容させられたと、ハンナ・アーレントは指摘するのである。つまり悲劇じみた喜劇へと。

無媒介の民主主義か、団体的民主主義か？

人民が常時集まることを可能にする、厳密な意味での無媒介の——媒介のない——民主主義の空間的・時間的諸条件を想像しないかぎり、あるいは選出者が、権限を与えられることも、誰かを代表することもなく、役職を満たすことができるとみなされているくじ引きの手続きを想像しないかぎり、委任と代表は避けられないものである。このことは、都市にも、ストライ

原注28　*La Haine de la démocratie, op. cit.*, p. 60.〔前掲、七三―七四頁〕。

訳注11　この用語は、前述の「身体をなす faire corps」や後述の「組み入れ＝体内化 incorporation」といった言い回しとともに、政治と身体の表象についてのルフォールの考察を踏まえて用いられている。以下を参照。Claude Lefort, « L'image du corps et le totalitarisme », *L'invention démocratique*, Paris, Fayard, 1994 (1981), pp. 159-176 ; Ernst H. Kantorowicz, *The king's two bodies : a study in Medieaval political theology*, Princeton, Princeton University press, 1957.〔『王の二つの身体——中世政治神学研究』小林公訳、ちくま学芸文庫、二〇〇三年〕。

原注29　*Le Temps présent, op. cit.*, p. 478.

キにも、党にも当てはまる。したがって、問題を否定するよりも、しっかりと問題を捉えるほうがよいし、委任された者に対する委任する者の最もよいコントロールを保証し、権力の専門職業化を制限する代表の諸様態を探求するほうがよいのである。

レーニンと労働者反対派のあいだでの一九二一年の論争はこの点に関してよく事情を語っている。アレクサンドラ・コロンタイ[訳注12]は、「異質な諸々の願望」に順応し、専門家たちに依拠し、権力を専門職業化し、「ブルジョワジーを特徴づける個人主義的な考え方の具体化である、統一指導」に安易に頼っているとして、党の指導者たちを批判した。彼女は、なによりもまず、権力が専門職業化する危険を感知し、生まれつつある官僚的反動が浮かび上がるのを見て取る点で功績があった。彼女の批判にしたがえば、これらの逸脱は社会的なものの異質性への譲歩に由来するのであるが、しかしその批判は同質的社会という幻想を前提としている。つまり、所有と生まれに基づく特権が廃棄されるや、プロレタリアはもはや一体になるしかないとされるのである。誰が経済的領域におけるプロレタリア独裁の創造性を保証することになるのだろうかと、コロンタイは問いかけていた。それを保証するのは、「労働組合という本質的にプロレタリア的な諸機関」なのであろうか、それとも「反対に、生産的活動、さらには雑多な社会的な内容をもっている活動との生きた関係をもたない国家行政管理」か。コロンタイは、「そこに問題の核心がある」と付け加えている。[原注30]

実際、そこに核心がある。地域代表制（ソヴィエトはもともと地域機関であった）[原注31]を廃止しようと望むならば、人々は一方では、労働組合を行政のないしは国家の機関に変化させようと目ざし、他方では、組合の断片化状態を維持することによって一般意志の出現を阻害することを目ざす。「ばらつき」ないしは「雑多な社会の組成」への非難は、プチブルジョワジーやアンシャン・レジームの幹部（「われわれの党が巧みにすり抜けていかなくてはいけない異質な諸カテゴリー」）に対してなされる譲歩を非難するために、実際に繰り返し幾度も、コロンタイや彼女の同僚のシリアプニコフ[訳注13]の筆の下に現れている。このような雑多さやばらつきに対する嫌悪は、ヘゲモニー的な目標を持たない、社会学的に純粋な労働者革命という夢を露わにする。そ

訳注12　Alexandra Kollontaï（1872-1952）　ソ連の女性革命家、外交官。一九一五年にボリシェヴィキに入り、一九一七年の十月革命ではレーニンのテーゼを支持し、女性最初の社会福祉人民委員にもなった。しかし、一九二一年、労働者反対派の中心となったため、党を除名された。

原注30　Alexandra Kollontaï, *L'Opposition ouvrière*, Paris, Le Seuil, 1974, p. 50.〔『ロシア革命と労働者反対派』時田昌瑞・北村孝一訳、海燕書房、一九八一年、一〇七頁〕。

原注31　以下を参照。Oskar Anweilher, Serge Bricianer, Pierre Broué, *Les Soviets en Russie, 1905-1921*, Paris, Gallimard, 1972.

訳注13　アレクサンドル・シリアプニコフ（Alexandre Chliapnikov 1885-1937）　一九二〇年、コロンタイらと共に労働者反対派を創設し、党に対する労働組合の力を高めることによって、ロシアの民主主義を深化させようと企てた。一九三三年、スターリンによって共産党を除名された後、一九三七年収容所において粛清される。

の逆説的な帰結が、唯一にして不可分な階級の具体化である、唯一の党という帰結である。

当時レーニンが労働者反対派との闘いを通じて闘っていたのは、実際には、一般利害を明らかにするに至らずに、地域、企業、職業の特殊利害を綜合なしに並べる社会主義的民主主義の団体的考え方である。そうだとすれば、官僚的なボナパルティスムが、ヘゲモニー的な計画を社会の総体に提起することのできない地方分権化された権力や地域的な経済的民主主義の網の目を覆いつくすようになるということは、避けがたいものとなるだろう。したがって論争は、既存の秩序を廃棄することを目ざす現実の運動に書きこまれた部分的な経験の妥当性に関わるのではなく、その経験の限界に関わるものであった。

数の相対性について

数は真理と無関係である。それはけっして証明の価値をもたない。多数者であるという事実は取り決めによって論争を閉じることができる。しかし、訴えはつねに開かれたままである。今日の多数者に対する今日の少数者の、現在に対する未来の、合法性に対する正統性の、法に対する道徳の訴えは開かれたままなのである。

窮余の策でしかない多数者原理の根本的な代替案がくじ引きである。神話的な形態のもとにあるとはいえ、そうした考えが現在の民主主義的諸制度の危機の徴候として再び現れるのは驚くべきことではない。[原注32] ランシエールはそれに関してきわめて入念な論拠を提供している。彼は次のように書いている。統治する資格の不在、「そこにこそ、民主主義という言葉によって意味されている最も深刻な混乱が存在している」。というのも、民主主義は、「偶然の神のきまぐれであり」、優位性の不在とは別のいかなる原理においても基礎づけられていない優位性というスキャンダルだからである。それゆえ、くじ引きは当然の帰結となる。確かにくじ引きは数々の不都合を抱えるが、そうした不都合の数は、すべてを考え合わせてみれば、能力、権謀術数、陰謀による統治の場合よりも少ないであろう。「よき統治とは、統治することを望まない平等な者たち同士の統治である」。そして、民主主義とは「統治されるべき社会でも、社会による統治でもなく、まさしく統治不可能なものなのであり、あらゆる統治が、この統治不可能なものに根拠を置いていることを最終的に露呈せざるをえないのである」[原注33]。だとするならば、くじ引きによる代表制の純然たる置き換えは、単に国家の廃棄だけでなく、達成すべき命題と計画が現れうる場である討議としての政治の廃棄をも意味しているのである。

多数者のなかに神的英知の内在的顕現を見ようとした伝統とは反対に、リップマンはといえば、選挙についての脱神聖化された、少数者の考え方を支持した。投票は、そこではもはや意

原注32 以下を参照。Luciano Canfora ,*op. cit.*

原注33 *La Haine de la démocratie*, *op. cit.*, p. 57. 〔前掲、六九頁〕。

見の表明でさえなく、ある候補者を支持するという単なる約束である。こうして、選挙民はその人個人に関わることについてしか能力を持ち合わせていないという考えを貫徹しながら、リップマンは、政治権力の極端な専門職業化――と独占――を理論的に容認するまでに、委任原理を先鋭化するのである。これはすなわち、寡頭制的な考え方への事実上の回帰である。

政党による媒介

ランシエールにとって、「人々が党によって代表されることを要求する」[原注34]ことは徒労である。あらゆる代表制を拒否することには、独力で存在することの断念の表明としての党という概念の、断固とした拒否が含意されている。一九七五年において、クロード・ルフォールは党のなかにこそ組み入れ＝体内化 incorporation の範例そのものを見ていた。カストリアディスと異なり、ルフォールは当時、包括的なヴィジョンへと向かうあらゆる宣言や綱領を原則的に拒絶していたのである。一九九三年に、バルカン半島でのNATOの戦争とイスラエルによるパレスチナ人の領土の占領を一貫して支持することによって、全体主義と民主主義の二項対立への自らの加担を果たした後で、ルフォールは、政党への批判がいかに妥当なものであっても、そうした批判によって「自由民主主義を構成する、代議制システムへの要請が忘却されること」はありえないと考えていた。市民社会の連合のネットワークに不可欠の役割を与えながらも、ルフォールはいまや「諸々の政党の競合のみがその一般性において多様な社会集団の願望を出現させる」[原注35]ことを支持したのである。それは歴史の皮肉である。というのも、紆余曲折した挙句、レーニン的な考えに辿り着くのであるから。その考えにしたがえば、政治は社会的なものに切り縮められないので、最終審級における階級的諸関係による政治的決定は政党の闘争を通じて行われるのである。

晩年のブルデューにおいて、個人的な意見の数学的総和の正しさへの民主主義的な信仰の拒絶は、当然の帰結として集団的行動の重要性を取り戻させることになる。この集団に与えられる名がいかなるものであろうとも。しかし、政党は階級ではなく、階級は、つねに階級を代表すると主張する諸々の政党との関係において、過剰であるとされる。したがって、「政治的なものに固有の二律背反」が存在するだろう。その二律背反とは、労働における疎外から逃れるという口実のもと、委任と代表による疎外のなかに駆け込むというリスクである。なぜならば、被支配者は代表制の働き以前には集団として存在していない（統計的にでないかぎり）が、にもかかわらず、被支配者は代表される必要があるのだから。そこから、支配のほとんど完全な悪循環と、「誰かが代わりに語らなければ語ることのない人々に代わって語るとはどういうこと

原注34　J. Rancière, *Le Philosophe et ses pauvres*, Paris, Champs-Flammarion, 2006, p. 204.
原注35　*Le Temps présent*, *op. cit.*, p. 941.

かという、根本的な、そしてほとんど形而上学的な問い」[原注36]が現れる。

実際それは形而上学的な問いであり、つまりは偽の問題なのである。それは執拗な前提から不可避的に生じる。その前提にしたがえば、被支配者は再生産の悪循環を打ち壊し、自らのために語ることができないということになる。被支配者は、それでも語り――そして夢想する。しかも多様な仕方で。ブルデューが主張することとは反対に、被支配者は、「代表制の働き」以前に、集団としてのあり方も含みつつ、様々なあり方で存在しており、労働者や女性、奴隷の何千もの発言がその存在を示しているのである。彼らの政治的発言の問題は、特殊な問題である。レーニンが示したように、政治的言語は、社会的なものの忠実な反映ではなく、団体の利害の腹話術的な翻案でもない。政治的言語には固有の、象徴的置き換え・圧縮、特定の場所・話し手が存在している。

政党の神学的無化について

今日、「党形式」の拒絶は、長期的展望を持たない諸連立の擁護を、流動的にして網状の、断続的にして類縁的な諸形式の擁護を一般的に伴う。自由な流通と液状化する社会という自由主義的なレトリックと同形であるこの言説は、それほど新しいものではない。『政党の全面的廃止についての覚書』[原注37]のなかで、シモーヌ・ヴェイユは、「中道主義的な」留保のうちに避難所を見つけるだけでは満足しなかった。ヴェイユは、「政党の廃止から始める」ことを要求するまでに至った。彼女の要求は、「あらゆる政党の構造」が「致命的な異常」を含んでいるという診断から論理的に出てくるものであった。つまり、「政党は集団的な情念を製造し、各人の思想に集団的な圧力を行使する機械である」。したがって、あらゆる党は「その萌芽とそのめざすところにおいて全体主義的[原注38]」であるだろう。

ここには、革命的サンディカリズムの視点から見た、今日流行の政党批判の表現があった。スペイン内戦、独ソ不可侵条約、スターリンの「巨大な虚偽」の体験の後で、人はその起源を理解することができる。すなわち、大戦間期の巨大な党機械の進展と政治的複数性の抑圧を前にして抱いた恐怖である。その代償として、ヴェイユは、〔無邪気にも、個人の自由を担保する

原注36　Pierre Bourdieu, *Propos sur le champ politique*, Lyon, 2000, p. 71.〔参照頁数は正しくは p. 87 である。『政治——政治学から「政治界」の科学へ』藤本一勇・加藤晴久訳、藤原書店、二〇〇三年、一二七頁〕。

原注37　Simone Weil, *Note sur la suppression générale des partis politiques.*〔「政党の全面的廃止についての覚え書」山崎庸一郎訳、橋本一明・渡辺一民編『シモーヌ・ヴェイユ著作集2　ある文明の苦悶：後期評論集』春秋社、五一七—五四〇頁〕。このテクストは、一九五〇年、彼女の死の七カ月後〔ヴェイユは一九四三年に亡くなったので正しくは七年後である〕に、éditions de la Table ronde から出版され、二〇〇六年にアンドレ・ブルトンの序文を付して、éditions Climats から再版された。

原注38　*Ibid.*,p. 35.〔同前、五二三頁〕。

ものとして考えられている）「非－帰属」の大げさな賛歌と、恩寵によって啓示される真理という宗教的概念に実に論理的に差し向ける「真理への無条件の欲望」とを手にする。「真理は一つである」！　「善のみが一つの目的である」！　しかし、誰がこのような絶対的真理を宣言し、誰がこの至高の善について判断を下すのであろうか。

政治を廃止すれば、神学が残る。すなわち、「内面の光は、それにすがる何びとにも、つねに明白な応答を与える」。しかし、「真理について何も知らないで、いかに真理を欲望するというのだろうか」。シモーヌ・ヴェイユは、そこに「諸々の神秘の神秘」を認めるが、しかし、その解明はまったく同語反復的である。真理は真理の欲望から生じる。すなわち、「真理とは、ひたすら、全面的に、もっぱら真理を欲望することで、考える被造物の精神のうちに突如姿を現す思惟のことである。人が光を受け取るのは、虚心に真理を欲望しながらもあらかじめ真理の内容になろうとはしないことによってである」。このような恩寵による啓示と純粋な探求は、権威主義的な個人主義の逆説――各人に各人の真理を――に不可避的に行き着く。あらゆる集団的な権威を認めないことで、この個人主義は結局独断的に自らの権威を押し付けることになる。こうして、「党の廃止は、ほとんど純粋な善になる」のであろうか。[原注39]　しかし、党の代わりに何を置くというのだろうか。シモーヌ・ヴェイユは、候補者が、綱領を提出するかわりに、もっぱら主観的な意見を述べることで満足するであろう選挙システムを想像する。曰く、「私は、しかじかの大問題について、しかじかのことを考えています」。そうなると、もはや党はない。左翼も、右翼もない。塵や雲のような移ろいやすい意見しか存在しない。というのも、選出された人々は、「自然の作用と親和力の運動」にしたがって、互いに離合集散するからである。これらの流動的で断続的な類縁性が互いに結晶化し、凝固しないようにするためには、ある雑誌を偶然読んだ人たちが社会団体や同好会に組織されることも禁じるまでに至らなければならないであろう。「ある階層が、一定の性格を与えることによって、団結しようとする度に、その事実が立証され次第、刑罰がくだされるであろう[原注40]」！　それは、誰が法を布告し、そして、いかなる名の下にこうした司法的刑罰が執行されるのかという問題に送り返す。

世俗政治、その不純さ、その不確実性、その不安定な取り決めを拒否することは、恩寵や奇跡、啓示、悔恨、赦しといった道具立てとともに、不可避的に神学を呼び戻す。束縛から逃れ

原注39　*Ibid.*,p. 61.〔同前、五三五頁〕。アンドレ・ブルトンは、その序文の中で、「廃止」という言葉を「追放」という言葉に置き換えることによって、この〔党の廃止という〕主題に含みをもたせようと努めている。「追放」は、もはや直接的な立法行為ではなく、一つの歴史的過程、「集団的覚醒の時間のかかる企ての」成果である。そうした時間のかかる企ての成果は、国家の、政治の、法の廃絶という不確かな仮定とまったく同様に、実現から遠ざけられている。だが、それまで〔その成果を待ちながら〕何をするというのだろうか。

原注40　*Ibid.*,p. 65.〔同前、五三七頁〕。

るための幻想的逃走は、実際には無力さを永続させるのである。原理が条件づけられていないことと実践が条件づけられていることのあいだの矛盾から身を引くと主張する代わりに、政治は、そうした矛盾を決して消し去ることなく、そこに身を置き、それに働きかけ、それを乗り越えることを本領としている。党の媒介を消し去りなさい、そうすれば、あなたがたは「党を持たない」唯一の党――さらには国家――を手にするでしょう！人々はその外に出ていないのである。

党の論理に対する不信は正統なものである。しかし、形式――「党形式」――に、官僚制の災禍と世紀の数々の悲惨の排他的責任を負わせることは、少し短絡的である。官僚化への重苦しい傾向は、近代社会の複雑性と社会的分業の論理のうちに書き込まれている。この傾向は、あらゆる組織形式に取り憑いている。シモーヌ・ヴェイユが要求する党の廃止は、裏返しのフェティシズムに、つまり、組織を歴史化し、その社会的諸関係とコミュニケーション手段の変化に応じた組織の発展や変化を考える代わりに、組織を自然化する平板な組織決定論に属するものである。

永続的民主主義革命

固定観念とは反対に、マルクスは、彼が形式的と形容した民主主義的自由に対して、いかなる侮蔑の念も抱いていなかった。法学を修めていたので、マルクスは、それらの諸形式は空虚なものではなく、固有の実効性を持っているということを、これ以上ないほど知っていた。マルクスは、その歴史的制約を強調していたにすぎないのである。すなわち、「政治的解放〔市民権の解放〕」は、ひとつの偉大な進歩である。確かに、それは人間の解放一般の最終的形式ではない。しかし、それは、現在までに存在しているような世界秩序のただなかにおいては、人間の解放の最新の形式なのである」[原注41]。マルクスにとって、問題は、「政治的解放の宗教に対する関係の問題」を「政治的解放の人間的解放に対する関係」の問題に、あるいは、政治的民主主義の社会的民主主義に対する関係の問題に、置き換えることであった。一八四八年の革命とともに実践された、民主主義に革命を起こすということの課題は、現存する議会制民主主義の批判が権威主義的な解決や神話的な共同体の側に傾かないようにするために、果たすべきものとして残されているのである。

ランシエールは、「民主主義のスキャンダル」について語る。どの点において、民主主義はスキャンダルでありうるのであろうか。それは、まさに、民主主義が、生き延びるために、つねに

原注41　Karl Marx, *Sur la question juive*, Paris, La Fabrique, 2006, p. 44.〔「ユダヤ人問題によせて」『ユダヤ人問題によせて　ヘーゲル法哲学批判序説』城塚登訳、岩波文庫、一九七四年、二七頁〕。

より遠くへ向かい、制定されたみずからの諸形式を永続的に侵犯し、普遍的なものの地平を一変させ、そして、平等を自由の試練にかけなければならないからである。なぜならば、民主主義は、絶えず政治的なものと社会的なものの不確定な分割をかき乱し、そして公共空間と共通財に対して私的所有制度が引き起こす害と国家がもたらす浸食に、徹底的な異議申し立てを行うからである。そして、最後に、民主主義は、永続的に、またあらゆる領域において、平等と市民権を獲得する権利を広げるように努めなければならないからである。それゆえ、民主主義は、それが徹頭徹尾スキャンダルであるという限りにおいてしか、それ自体ではないのである。

【訳者付記】

本稿の著者は、従来の日本語文献では「ベンセード」もしくは「ベンサイド」の表記で紹介されてきたが、実際には「ベンサイード」と発音されることが多いので、本書ではこの表記を採用した。

ベンサイードは、フランスにおけるトロツキストの代表的な理論家の一人。一九七四年から二〇〇九年まで革命的共産主義者同盟 Ligue communiste révolutionnaire（ＬＣＲ）で、二〇〇九年二月以降ＬＣＲを発展的に解消して創設された新反資本主義党 le Nouveau Parti anticapitaliste（ＮＰＡ）で活動した。また、バディウやランシエールらとともにパリ第八大学の哲学科で教鞭を執りつつ、二〇〇一年から雑誌『反時代 Contretemps』の編集人として、党派を問わず様々な思想家に意見を表明する場を提供した。こうした多様な意見の取り入れは、本稿における民主主義についての哲学的・社会学的言説をマッピングしていく著者の手腕にも反映されているであろう。とはいえ、本稿は、民主主義についての様々な立場をただ横並びに記述するのでなく、党による政治的実践というレーニン的課題の（反時代的かつ）批判的継承という意図をもって、これらの立場を分析・総合するものである。

いまやわれわれみなが民主主義者である

ウエンディ・ブラウン

民主主義よ、おかえりなさい！

『ビーバー』誌（ロンドン・スクール・オブ・エコノミクスの雑誌）所収のオバマの選挙をめぐる論文の表題。

二〇〇八年一一月六日

上に述べたことから、一般意志は常に正しく、常に公共的利益を志向することが明らかとなる。しかし、だからといって人民の決議が常に同じように公正であるということにはならない。

ジャン＝ジャック・ルソー『社会契約論』

民主主義、空虚なシニフィアン

今日、民主主義は、歴史上かつてないほどの人気を博している。しかしながら、それが今日ほど概念的に曖昧で、実質的に空疎であったことは決してなかった。おそらく現在民主主義が人気を博している原因は、民主主義が持つ意味と有効性の不明確さに、それらの空虚さにさえあると言えるのだろう。バラク・オバマと同様に、民主主義は、誰もが自分の夢と希望を積みこむことができる空虚なシニフィアンなのである。あるいは、近代民主主義の異型接合体[訳注1]の双生児であり、二者のうちで常により頑強で抜け目のない資本主義は、民主主義をひとつのブランドへと、商品の物神性の最終ヴァージョンへと還元し、そうしたブランドが、売られるべき商品のイメージをその商品の実質的内容から完全に切り離すのかもしれない。[原注1]なおまた、二一世紀は近代性《モデルニテ》によって妨げられるとみなされていた暴力闘争に神々が陥るさまを演出し、それを目の当たりにした啓蒙の進歩主義がアイロニカルな方向転換を遂げることによって、民主主義は新たな世界宗教――それは政治権力と政治文化の特殊形態ではなく、その前で西洋とその賛美者たちが平伏する祭壇であり、帝国の十字軍を着想し正統化することを可能にする神の構想である――として開花するのかもしれない。

民主主義は、広く世間一般においてばかりでなく、政治圏域のすみずみで賞賛されている。冷戦後の諸制度においては、かつてソビエトに従属していた者たちが企業家としての幸運に恵

訳注1　対立遺伝子が互いに異なる配偶子でできた個体のこと。

原注1　パトリック・ラフィニ Patrick Ruffini が想起しているように、大ブランドは「実質的にはそのブランド固有の特徴とはまったく関係がない感情を喚起する」。このことは、ナイキやＢＭＷにも、先の大統領選挙のさいのオバマにもあてはまる。http://www.patrickruffini.com. 二〇〇八年二月一三日。

まれて繁栄しているのだが、それと同じく、ヨーロッパ大西洋の左翼は、民主主義というブランドに魅惑されている。ヘーゲルの主題系から逸脱したマルクスのような人による政治の放棄に修正を施しているとして、われわれは民主主義を讃えている（あるいはわれわれは、そもそもラディカル・デモクラシーは共産主義として理解されていたものと同じものだったのだ、と言っている）。われわれは、まだ決して〔それを実現しようと〕試みたことがない目標と理念を目指して、民主主義を修正しようと努めている。われわれは、「来るべき民主主義」、「顧みられていない人々の民主主義」、「民主化する主権」、「民主主義のワークショップ」、「多元化する民主主義」等々の表現を書き記したりもする。ベルルスコーニもブッシュも、デリダもバリバールも、イタリアの共産主義者たちもハマスも、いまやわれわれみなが民主主義者なのである。それにしても、民主主義には何が残されているというのだろうか。

人民《デモス》の権力

ヨーロッパ大西洋の近代性の支配的形態である自由民主主義《リベラル・デモクラシー》は、民主主義《デモクラシー》というひじょうに古いギリシア語で理解されている、政治権力のもろもろの分割＝共有様式の中のひとつのヴァリアントにすぎない、ということはどれほど言っても言いすぎるということは決してない。demos ＋ cratie とは、人民の権力＝支配のことであり、それと対照されるのが、貴族政治、寡頭政治、専制政治、そしてまた、植民地化されたり占領されたりした人々の状況である。しかし、歴史的なものであれ語源学的なものであれ、いかなる反論の余地なき議論も、民主主義が、代表、憲法、討議、参加、市場の自由、法、普遍性、といったものの存在を、あるいは平等の存在をさえ、本質的な仕方で含んでいるということを証明することはできないであろう。民主主義という言葉は、単純かつ純粋に政治的な、ある主張を備えている。それは、人民は自己自身を統治するということ、政治的主権者は一般的多数者なのであって一部の者でもなければ〔大文字の〕〈他者〉でもないということである。この点からみれば、民主主義は未完の原理である——その原理は、いかなる権力がわれわれのあいだで分割＝共有されるべきであるか、いかにして人民の権力が組織化されるべきであるか、いかなる制度によってその原理が確立され保証されるべきであるか、ということを明確にすることはない。西洋の民主主義思想は、最初から一種の駆け引きだったのである。換言すれば、理論家たち——アリストテレス、ルソー、トクヴィル、マルクスから、ロールズ、ウォーリンにいたるまで——は、民主主義には明確な諸条件、充実化、微妙なバランスが必要であるが、民主主義という言葉それ自体はそのいかなる内容も規定するものではない、ということを（異なった仕方で）主張しているのである。今日のような民主主義に対する熱狂の中で、自分の議論の対象のいっさいの内容がどれほど空虚なものとなってしまっているかを人々が知ることがない、ということがいともたやすく起こるもうひとつの理由は、おそらくそこにあるのだろう。

脱－民主化

今日、民主主義がかくも人気を博している理由を、確信をもって明確化するのは困難であるとしても、自由民主主義（議会制民主主義であれ、ブルジョワ民主主義であれ、立憲民主主義であれ）そのものを、それがかつてそうであったものの影〔亡霊〕へと縮減してしまうプロセスをはっきりさせることはできる。長きにわたって民主主義の旗の下を航行していた世界の諸々の地域において、人民の権力がもはや少しも発揮されないという仕儀に至ったのはなぜであろうか。近代後期において、いかなる諸力の布置が、いかなるプロセスが、民主主義の実質を取り除いて空虚なものとし、ついにはその形態がかくも限定的なものとなることを可能にしたのであろうか。

第一に、諸々の大団体が人民の権力の希望と実践を骨抜きにするようになって久しいとはいえ、今やこのプロセスは、先例のない水準に到達したのである。[原注2] それは単にそうした団体が政治家を買収し、内政と外政のあり方を公然と規定しているということではないし、そうした団体に属しているメディアが、情報の公共化や権力の責任といった理念さえも馬鹿にしているということでもない。巨大な民主主義国家においては、諸団体の権力と国家の権力が、干渉しあうというよりむしろ融合するのが目撃されている。学校から軍隊をへて監獄にいたるまでの国家機能が民間企業に大量に下請に出され、大銀行家や企業経営者が大臣や首相になり、金融資本の所有者たる国家は惰眠を貪っている。とりわけ国家権力は、資本のあらゆる部門に対して大量に直接的援助や支援をしていることは措くとしても、税務、環境、エネルギー、社会福祉、通貨に関わる政策のおかげをこうむって、破廉恥にも資本蓄積のプロジェクトに拘泥している。人民《デモス》はこうした展開の大部分の背後にあるものを見ることができず、ましてやそれに異議を唱えることも、ほかの目標を提案しつつそれを批判することもできない。資本の欲求にノーと言うのに必要な武器を持たないので、人民《デモス》は自分に固有な欲求を放棄するのを〔他人事のように〕受動的に目にすることになる。

　第二に、民主主義のもっとも重要なアイコンである「自由な」選挙さえ、派手な資金集めから有権者をターゲットにした動員活動にいたるまで、マーケティングとマネージメントで出来上がったサーカスのようなものと化してしまった。市民は、投票をほかの消費選択と同等のものとする洗練されたマーケティング活動に屈し、政治的生活のあらゆる要素が次第にマスメデ

原注2　この点について論じた重要なテクストとして、シェルドン・ウォーリンのものがある。Sheldon Wolin, *Democracy Inc.*, Princeton, N.J., Princeton University Press, 2008.

ィアや宣伝の成功に還元されるようになる。民主主義の諸原理を扱うことよりも、〈民主主義という〉ブランドの普及を促進し、諸々の大団体のメディアキャンペーンを計画することに慣れているPRの専門家たちが思いついた装いにつつまれて紹介されるのは、立候補者だけではない。政治公約もまた、公共財としてではなく消費財として売りに出される。政府の中の企業経営者の数が増え、それと並行して、ビジネススクールから教員をリクルートしてくる大学の政治学科が膨張しているのは、それほど驚くべきことではない。

第三に、政治的合理性としての新自由主義が、自由民主主義《リベラル・デモクラシー》の基礎となるものに対して正面攻撃を開始し、自由民主主義の諸原理――合憲性、法の前の平等、政治的・市民的自由、政治的自律性、普遍主義――の方向性を、市場の基準、コストと利潤の比率、効率、収益性へと変えている。[原注3] 権利、情報へのアクセス、政府の透明性と責任、手続きの尊重といったものをやすやすと回避し、放擲しているのは、この新自由主義的合理性である。そしてとりわけ、国家が人民主権の化身であることをやめ、そこで取引＝商いが処理されるシステムとなったのは、このような事情によるのである。[原注4] 新自由主義的合理性は、人間存在や、立憲国家を含む制度を、企業をモデルにして作り上げ、政治的社会的生活のいっさいにおいて、民主主義の諸原理を、取引＝商いの遂行の諸原理に置き換える。新自由主義は、民主主義の政治的実質をばらばらにしたのちに、民主主義という言葉を買い占め、自らの諸目的に奉仕させる。その結果、かつては節度なき資本の権力を語るための嘲笑的表現であった「市場の民主主義」という表現は、もはや人民の権力とは何の関係もない形態を言い表すありふれた手法となったのである。

しかし、資本と新自由主義的合理性は、自由民主主義の制度、原理、実践を骨抜きにしたことに対して責任がある、唯一の要因ではない。第四のポイントとして、国内および国際法廷の活動が持つ権力と領域の拡大がある。[原注5]人権を求める社会運動や国際キャンペーンから生ずるものを含む、さまざまな訴訟や闘争は、ますます頻繁に法廷に持ち込まれる。そこでは、法＝権利の専門家が、政治的決定に関して、非常に複雑で漠としているがゆえに法学を専門とする者

原注3　新自由主義的合理性の脱－民主化的効果に関するより掘り下げた研究に関しては、私の著作 *Les Habits neufs de la politique: Néolibéralisme et néoconservatisme*, Paris, Les Prairies ordinaires, 2007. を参照されたい。

原注4　『社会は防衛しなくてはならない』« *Il faut défender la société* », *Cours au Collège de France, 1976*, Paris, Hautes Études, Gallimard, Seuil, 1997.〔ミシェル・フーコー『社会は防衛しなければならない――コレージュ・ド・フランス講義一九七五―一九七六年度』石田英敬・小野正嗣訳、筑摩書房、二〇〇七年〕における、統治性に関するミシェル・フーコーのテクストを参照されたい。

原注5　こうした〔法廷の〕発展は、法廷の前で「勝利する」ために訴訟を探し求める好意的な活動家の行動に、その原因の一部を負っている。たとえ民主主義がそうした活動家たちの成功にともなう損失となるおそれがあるとしても。

にしか理解できない言語を用いて、策をめぐらしつつ巧みに切り抜けている。同時に法廷は正道を外れ、もはや禁止されるべきものについてではなく、なさねばならぬものについて決定しているのである。要するに法廷の役割が制限的機能から立法的機能へと移行し、それが民主主義政治の古典的任務を簒奪している。[原注6] 法の支配が民主主義における生活の重要な柱であるということが真実であるとしたら、法廷による統治は民主主義の転覆である。それは、人民主権が拠り所とする、司法の立法に対する本質的従属を逆転させ、政治的権力を非代表制に与えるものである。

第五のポイントは、西洋の脱‐民主化において決定的なことであるが、グローバリゼーションによる国民国家の主権の侵食である。[原注7] こうした国家が、絶対的覇権、権利の完成と継続、暴力の独占、永続性を熱望することにおいて、ある種の虚構が常に存在したのだとしても、この虚構は強力なものだったのであり、ウェストファリア条約によって一六四八年に確立されて以来、国家間の内的関係や外的関係を形づくってきた。しかし、この半世紀の間に、国民国家によるこれらのさまざまな属性の独占は、資本、人口、思想、資源、商品、暴力、政治‐宗教的忠誠の国家を超えた流出の増加によって、深刻な危険にさらされた。この流出は、それが横断する国境を炸裂させ、〔国境の〕内部においては結晶化して諸力を形成する。かくして国民国家の主権は、その境界においてもその内部においても危険にさらされているのである。

国家が主権に傷を負いながらもむき出しの行動能力を保持し、民主主義における主権の二重の意味――人民に由来するものと上からくるもの――から遠ざかるさいに、二つの重要な結果がもたらされる。一方では、民主主義が、その政治的形式、その内容を喪失する。他方では、人民主権を具現化し人民の意志を響かせているという自負のいっさいを、国家が放棄する。そうしたプロセスは、われわれが見たように、新自由主義的合理性によってすでに開始されていたのである。

第一の点について言えば、民主主義ないし人民の統治が意味を持ち、行使されうるのは、明確に限定された枠組みにおいてのみである――それこそ「人民主権」と「民主主義」を等置するさいに主権という言葉が告げ知らせるものである。支配権がおよぶ一定の領域（実質的な意味においてであれ、文字通りの意味においてであれ）を欠いた民主主義は、いかなる政治的意味も持たない。つまり、人民が自己を統治することができるためには、識別可能な集団的実体

原注6　ゴードン・シルバーシュタイン Gordon Silverstein の *Law's autre: How Law Shapes, Constrains, Saves and Kills Politics*, New York, Cambridge University Press, 2009 およびカリフォルニア大学バークレー校政治学科のジャック・ジャクソン Jack Jackson による執筆中の論文 « Law as Politics / Politics as Law » を参照されたい。

原注7　私の試論 « Souveraineté poreuse, démocratie murée » in *La Revue Internationale des Livres et des Idées*, 12/01/2010, http://www.revuedeslivres.net/articles.php?idArt=356 を参照せよ。

が存在していなくてはならず、その実体の内部で権力の分割＝共有が組織され、その実体の範囲で権力が行使されるのである。なるほど、国民国家という大きな規模では、すでに権力を分割＝共有する方法が確定され、その方法が権力の意味を民主主義に与えている。しかし、この支配領域それ自体が、そこで政治的、経済的、社会的権力が作用する、国家以降の、国家を超えた諸々の場に取って代わられる場合、民主主義は一貫性の欠如によって打撃を被ることになる。

第二の点について言えば、主権を奪われた国家は、その外部におけると同様に内部においても、ならず者国家となる。国家権力を行使する際の根拠は、もはや人民を代表するということにも保護するということ――それは古典的自由主義において国家権力を正当化するものであった――にもない。現代国家にとってはむしろ、国家理性のはるかなる反響の中で、権力が持つ威光を、経済的グローバリゼーションを担い、促進し、安定化する、という三つの役割に取り替えることが重要なのである。この文脈において人民は、内部においては企業として、外部においてはグローバル資本のよわよわしい管理人として機能する国家における、小さな受動的株主たちの総体に還元される。国家の権力、働き、正統性の、この新たな布置は、二〇〇八年秋に起こった金融大混乱の際に、とりわけはっきりと現われたのである。

最後に、「セキュリティの政治」としてわれわれに対して現れたものもまた同様に、西洋国家の脱‐民主化に貢献した。イスラエル、イギリス、インド、アメリカ合衆国ほどにはなはだしく異なった国々において、テロリズムを未然に防ぎ抑止することを目指す手段の総体は、しばしば誤って国家主権の復活として示されている。しかるに実際のところ問題になっているのは、最高権力（＝主権）の喪失の兆候なのである。自由主義の諸原理（自由、平等、法の支配）を新自由主義が放棄するとともに、セキュリティ国家は、一連の脱‐民主化的措置──運動の自由と情報取得の可能性とに対する制限、人種に対するレッテル貼り、国家機密の領域の絶えざる拡大、そして最後に、憲法の停止、布告なき永続的戦争と占領──によって、自らの主権の弱体化とそれに対する反抗に対処している。要するに、人々が自己自身を統治することができるためには、人民なるものが存在しており、その人民が、民主化することが肝要な権力に対してアクセスすることが必要なのである。グローバリゼーションが国民国家の主権を侵食することによって、これらの条件のうちの第一のもの（＝人民なるものが存在すること）が覆される。そして資本という手に負えない新自由主義的権力は、第二のもの（＝民主化することが肝要な権力に対して人民がアクセスすること）を除去する。だが「現実の民主主義」が見果てぬ夢の状態にあるとしたら、そこで何かを変えるためには、われわれの時代の民主主義の原理と理想に残されたものを検討せねばならない。

民主主義のパラドクス

よく知られているように、アテナイの民主主義は、アッティカの人口の大部分——女性、奴隷、外国人、そのほか市民たるのに必要な家系の諸条件が整わない人々——を〔市民という〕身分から除外していた。揺籃期における民主主義が行ったこれらの排除は、極端ではあったが例外的なものではなかった。概念および実践としての民主主義は、周辺にある非民主主義的領域によって常に縁取られていたのであり、民主主義を事実上支えると同時に〔それと〕対照的に民主主義が自己規定するのに役立つ、〔民主主義によって〕取り込まれることのない内的基盤を常に有していた。歴史的に見てもあらゆる民主主義は、排除された内部の集団——奴隷、現住民、女性、貧民がそのような集団とされうるし、またそのような集団は、なんらかの人種、民族、宗教に属することがありうるし、それは（今日では）不法状態にある外国人で構成されることがありうる——を明確にしていたのである。そのうえ、民主主義が自己規定することを可能にする外的世界が常に存在する。「野蛮人〔外国人〕barbares」という名は、古代ギリシア人によって与えられたものであるが、それ以来、共産主義から民主主義諸国が持つ植民地にいたるまでさまざまな仕方で現実問題とされてきた。われわれの時代においては「イスラム教」という形象が、民主主義者たちがまさにそれであるところの〔民主主義者という〕理念に関して、また西洋における脱‐民主化というコンテクストにおいてさえ（とりわけそうしたコンテクストにおいて？）、民主主義者たちに力を与えている。したがって、まさに民主主義の中心に、反‐普遍主義の存在が常に認められているのである。そのことが示唆しているのは、普遍化する民主主義が抱く帝国的夢想が実現する宿命にあるとしても、それは民主主義という形をとって実現するのではないだろう、ということである。

近代以前の共和主義的民主主義が、共同で権力を行使するという理念――人民の人民のための権力――に根拠づけられており、それゆえ平等原理を中心としていたのだとするなら、近代の民主主義の約束は、常に自由であった。この民主主義は、極めて形式的な仕方、つまり代議制（投票）ないし法の前の平等（それは民主主義が含意するものの一部をなしてはいないので、めったに実行に移されることはない）といった仕方によるのでなければ決して平等を称揚したことはなかった。事実、民主主義が要求する規範的至上権の核心にあるのは、ルソーの困難な賭け――われわれは、おのれの個別的自由を実現するために、みずからの規範なき個別的自由を集団的政治権力に対して放棄する――なのである。個別的自由は、実際、民主主義に結びついた最も強力な換喩であり続けている。それにもかかわらず人民の統治という約束はしばしば忘却されている。[原注8] 民主主義だけがわれわれを自由にすることができる。というのも、われわれがわれわれを統治する諸権力の創始者である（われわれは創始する we author）のは、民主主義においてのみだからである。

近代において、自己立法としての自由は、人間の普遍的欲望と考えられている。さもなければ、ルソー、カント、スチュアート・ミルにとってそうであるように、人間存在の真髄と考えられている。実際、民主主義を西洋において唯一正統な政治形態として確立したのは、近代とともに自由な道徳主体が誕生したことである。民主主義に異論の余地なき正統性を与え続けているのは、こうした道徳主体の形象なのである。しかし同時に、この主体の白人的、男性的、植民地的側面によって、民主主義の近代的なあり方の全体を際立たせる、階級、排除、暴力が許容され、永続的なものとされたのである。したがって、民主主義のまさに核心に、明白であってかつおそらく必然的でさえある非-自由が存在する。このことが示唆するのは、すべての人間存在を自由にするという帝国的夢想が具体化する宿命にあるとしてもそれは民主主義という形式の下で起こることはないだろう、ということである。

不可能な自由

近代の民主主義は、統治権力を分割＝共有することによって得られる自己立法を規範として前提としている。主体の主権は体制の主権に結びつけられ、一方が他方を相互に保証しているのである。しかし、何の立法なのか。何の権力なのか。後期近代においては、カント的主体の破壊的批判に結びついた、一連の（政治という形式をとらない）規範化する権力についての理論的考察が、自由の概念を、とりわけ複雑でとらえどころのないものにした。われわれは自己自身を統治し、自己自身で法律を制定していると、たとえ謙虚な仕方であっても言うことが可能となるためには、われわれはいかなる権力を行使すべきであるのか。われわれは何に関して共に法律を制定すべきなのか。われわれはいかなる諸力を、自分の意志に従わせるべきなのか。これらの問いに対する返答は、常に民主主義者たちを分断したのである。一方で、リベラルな人々は、立法者の選挙を主たる問題とし、個人の活動と目的に介入することを明白に制限する。他方でマルクス主義者たちは、人間の自由の第一条件は生活手段が共同所有となっていることである、と主張する。ラディカル・デモクラシーの立場をとる人々は、政治への直接参加を強調し、自由至上主義者たちは政治的な権力および制度を縮減しようと努める。

こうした一連の動きを評価するならば、ア・プリオリな道徳主体という概念を放棄するとしても、リベラルな解決法に熱狂することはほとんどできない。法と立法者に対する人民の同意では、自己立法という民主主義の約束を果たすのに十分ではない。必要なのは、次のような多

原注8　ホッブズが創始者 auteurs、創始者の地位 qualité d'auteur（authorship）、権威 autorité〔といった諸々の言葉〕に関する意味論的策略をもって果たそうと試みているのは、こうした約束である。これらの言葉によってホッブズは、われわれを、われわれを支配する国家絶対主義の創始者となすことができるのである。

様な力を理解しコントロールすることであろう。それは、われわれを主体として構築し、われわれが現実を知覚して善悪を判断する諸規範を産出し、われわれが投票をする際に、そして法律を制定する際にさえ、諸々の選択肢を提示する力である。権力を単に世界に対する支配としてではなく世界の形成として理解するならば――あるいはさらに、支配を単なる抑圧的権力としてではなく、主体の製造として理解するならば――民主主義者たちにとっては、さらに深く権力の多様性全体の中に自由の基礎を探し求めに行くことが課題となる。社会的世界とわれわれ自身が、自分の影響と制御の外にある権力によって絶えず構築されていると考えただけでも、投票と全体の同意による自己立法というリベラルな概念は破滅する。しかしながら、われわれを構築しているあらゆる権力を民主主義的に導くという考えは不条理である。それは自分の髪を引っ張りながら自分を穴から出そうと試みるようなものであろう。あるいはそれは、自分の世界概念を形作っている心的諸要素を外側から理解しようと試みるようなものであろう。したがって、民主主義が意味を持つためには、民主主義は権力を製造しているものの中にかつてないほど深く潜り込んでいかねばならず、本当のことを言えば、戦利品としての自由を放棄せねばならない。こうした観点から見れば、民主主義は決して実現されえない。つまりそれは、(到達されえない)目標、永続的な発展の中にある政治的プロジェクトなのである。民主化はその支持者たちに対して、みずからを形成し統治する権力の分割=共有を求めて闘うことを強いる

のだが、それは終わりなきプロセスなのである。[原注9]

法と秩序とは別の、権力の諸様相をめぐる、フーコーやデリダによってインスピレーションを与えられた構想に劣らず自由主義の構想を攪乱するものとして、民主主義的な諸主体を製造し組織化する、資本の力がある。経済が政治的なものや社会的なものによって制御されず、反対に経済のほうがそれらを支配するとしたら、「民主主義的権力」は、いったい何を意味しうるのであろうか。とはいえ、グローバル化した経済——およびそれによって社会的、政治的、文化的、生態学的生が形成されること——を、民主主義の政治規則に対して、その他のどんな政治規則に対しても同じことが言えるが、従属させる、という考えほど非現実的なものがあるだろうか。

要するに、再‐民主化のためには、国家権力に加えて、資本と〔資本ほど〕直接的に経済的ではない、一連の規範的権力とを考慮する必要があるということである。しかし、歴史上民主化が成功した経験はない。その結果として、人間の自由の実現としての政治的民主主義を信じ

原注9　シェルドン・ウォーリンは、この問題をやや異なった仕方で定式化し、「変移的民主主義」——人民による彼らの正統な権利の表現——のみが可能であると主張する。*Politics and Vision*: Expanded Edition, Princeton, N.J., Princeton University Press, 2004〔シェルドン・ウォーリン『政治とヴィジョン』尾形典男ほか訳、福村出版、二〇〇七年〕の最終章および前掲書 *Democracy Inc.* を参照されたい。

続けるためには、民主化に対する免疫を持つ権力から、過去においても現在においても民主主義理論の本質的なものが立脚している、政治的なものの自律性と優位性を否認する権力から、文字通り目をそらさなくてはならない、ということになっている。[原注10]〔そのようなこれまでの考え方に〕代わるべきものは、民主主義がこれまで理論化しようとしたことも、防ごうとしたことも、克服しようとしたことも決してなかった権力に対して向けられた注意深く現実主義的な眼をもって、民主主義について考えかつ実践する一つの様式である。[原注11]民主主義という言葉の自由主義による独占ともっともきっぱりと手を切る方法は、この様式以外には考えられない。

人間は自由を欲するか
われわれは自由であることを欲するか

最後の挑戦は、人民の権力を信じている者にとっておそらくもっとも深刻なものである。民主主義は善であると想定することは、人間存在は自分自身の法のもとで生きることを欲しているのであって、危険なのはほんのわずかの者たちの手にゆだねられている無責任な政治権力である、ということを想定することである。しかし今日、いかなる歴史的証しによって、いかなる哲学的教訓によって、ドストエフスキーが言ったように、人間存在が「パンよりもむしろ自由を」欲している、と主張することができるのだろうか。前世紀に起こったことは、われわれに次のことを示唆している。すなわち西欧諸国民の大多数は、市場の誘惑、規律権力の規範《ノルム》、ますますあいまいで無秩序になりつつある人文地理学的状況に結びついた安全のなさ《インセキュリティ》、といったもののうち、道徳的考察にふけり、消費し、セックスをし、戦いを交えることを好むに至っているが、その際彼らは、自分自身の生を導くためにあるべきこと、考えるべきこと、なすべきことを他人が言ってくれるのを待っている、ということである。解放の未来をめぐるこの困難な問題は、二〇世紀の中ほどに、ヘルベルト・マルクーゼによって容赦なく明言されたのである。[原注12] もし人間存在が自由の責任を拒否するとしたら、もし彼らが政治的自由という企てにとって必要な教育も刺激となるものも持たないとしたら、こうした欲望と指導を所与のものとみ

原注10　この点について詳しく論じたものに関しては、私の « Sovereign Hesitations » in *Derrida and the Time of the Political*, eds. Pheng Cheah et Suzanne Guerlac, Durham, NC., Duke University Press, 2008 および « Sovereignty and the Return of the Repressed » in *The New Pluralism: William Connolly and the Contemporary Global Condition*, eds. David Campbell et Morton Schoolman, Durham, NC., Duke University Press, 2008. を参照せよ。

原注11　経済的なものを民主主義政治の領域に再び従属させるということの可能性をめぐるポスト・マルクス主義の哲学者たちの議論については、前掲 « Sovereignty and the Return of the Repressed » を参照せよ。

原注12　Herbert Marcuse, *One dimensional Man*, 1964. Trad. fr. *L'Homme unidimensionnel*, Paris, Éditions de Minuit, 1968.〔ヘルベルト・マルクーゼ『一次元的人間――先進産業社会におけるイデオロギーの研究』生松敬三・三沢謙一訳、河出書房新社、一九八〇年〕。

なす政治システムは何を意味しうるのであろうか。そのような状況が、強者による策略と社会的経済的勢力による支配とに対する極度の脆さをもたらさないはずがない。プラトンは、不十分に形成された知性の持ち主たちが自己自身の政治的生活を担う場合に、退廃と抑制のきかない放縦がもたらされるのではないかと危惧していた。しかし、今日その危険はいっそう明白かつ憂慮すべきものとなっている。つまり、ファシズムが人民によって生み出される（authored by the people）のである。非－民主主義者が民主主義国の殻に住まい、ますます閉塞するグローバル化した地平を前にして恐怖と不安におののき、自分たちを揺さぶりその欲望を組織化する諸権力の作用を知らずにいるならば、彼らに対して、他人のそれは言うに及ばず、おのれの自由と平等のために投票し闘うであろうと期待することなどどうしてできよう。

したがって、一方で民主主義的自由を熱望してはいない国民が、他方でわれわれが欲していない民主主義の諸形態が存在する——神政政治、帝国、民族浄化という憎悪のシステム、閉じた共同体、民族と移民という身分とによって重層化された社会、攻撃的な新自由主義のポスト国家的布置、民主主義の過程と制度を巧みに迂回しつつ社会的悪を治癒すると約束するテクノクラシー——これらのものを権力へと導く「自由な」国民。二つの可能性にはそれぞれの形態がある——それは、地球の保全よりもむしろ自分の刹那的満足を、平和よりもむしろ見せかけのセキュリティを、前面に押し出し、自己の快楽や憎しみを共同善に捧げたいとは少しも思わない国民の問題である。

ルソーは、堕落した人民を公共生活へと導くことの困難をよくわかっていた。民主主義に好意的な彼の立場は、堕落した人民を民主主義者の人民へと変えるという企図に関しては失敗した、とみなされることがしばしばある。ルソーが「ある人を自由であることへと強制する」という言葉で言わんとしたことを理解する仕方は実に多様である。しかしそのどれも、主体を自由にする約束〔契約〕を当の約束〔契約〕の実現のために保留するという結論に至る。自分自身を統治することは――あるいは自分を支配する諸権力に異議を唱えることさえ――骨の折れる課題であり、今日ではそうした課題を人間存在に強いるであろうものを想像するのは困難である。

いかなる可能性が？

人民の権力と現代との折り合いが実に悪いとしたら、民主主義を求める左翼の闘争を、あらたな政治形態を発展させるための創造的努力を、放棄することに賛成する書類の束を一枚増やすことになるのだろうか。あるいは反対に、つねに手の届かないところにある大いなる理想として民主主義の真価を謙虚に認めることが要請されることになるのだろうか。自由、平和、幸福と同様に、民主主義が実現可能であったことは一度もないが、それは人間の集団性に関する

〔民主主義とは〕別の、有害な着想を防ぐものとして役立ってきたし、今もなお役立っているということを、われわれは認めるべきなのだろうか。あるいはことによると、解放としての民主主義は、異議申し立てとしてしか具体化されえないのかもしれない。ことによるととりわけ今日では、決然とそして厳格に、民主主義を、もはや統治の一方法ではなく抵抗の政治としなければならないのかもしれない。

これらの点について、私は大いに疑問を抱いている。しかしいずれにしても、展開されている脱‐民主化的権力へのまなざしをそらすようなスローガンを発するべきときではないということを私は確信している。「民主主義の深化」、「民主主義の民主化」、「民主主義の連れ戻し」、「民主主義の複数化」といったことや、「到来しつつある民主主義」に身を投じることに対する左翼の哲学者や活動家の熱情が有益なものでありうるのは、彼らがこうした権力を考慮するときのみなのだが、そうしたことはまれである。今日、国家と人間を同時に脱‐民主化する多様な力の只中にある民主主義の関心は、権力の民主主義的分割＝共有〔を可能にするため〕の最小限のものとなる諸々の論点を掘り下げながら、同時にそうした力と対決することを命じ、次のことを明確化する。すなわち、われわれは今なお民主主義を信じるかどうか、信じるとしたらそれはなぜか。民主主義は今もなお二一世紀において実現可能な形態なのかどうか。深い闇を撃退するためにいっそう有効であるような、人を恐怖させることのない諸々のオルタナティヴが存在するのかどうか。これらのことである。謙虚な仕方ではあってもわれわれがみずからのことを、自己を統治するわれわれ、とみなすことができるために人民が制御するべき諸権力に、到達する道はあるのだろうか。民主主義が約束する自由は、人間存在が欲しているものなのであろうか――あるいは、人間存在にそれを新たに欲するように教えることができるものなのであろうか。民主主義はいかなる種類の領域ないし境界を必要とするのだろうか。もしそうした領域や境界が手の届かないところにあるとしたら、民主主義はそれでもなお可能なのだろうか。これらの境界は、広がりつつあるグローバル化、グローバルな正義という理念、地球的市民権という理念と、両立可能なのであろうか。われわれがこれらの問いのすべてに答えることに成功したとしても、あらゆる問いの中でもっとも困難なものが残されている。それは、いかにしたら人民は、共同に行使すべき権力を明確にし、それを獲得し、その結果として民主主義は、それが転倒されたものを正統化する仮面とは別のものになることができるのか、という問いである。

（エリック・アザン Eric Hazan による英語原文からの仏訳）

終わりある／終わりなき民主主義

ジャン＝リュック・ナンシー

1

自らを「民主主義者」だと言うことに意味があるか？　次のように応答しうるのは明らかだし、また同じく次のように応答しなければならないのも明らかである。すなわち、「否、もはやいかなる意味もない。自分がそれ以外のものだと言うことなど、もはやできないのだから」とも、「然り、もちろんだ。いたるところで、平等と正義と自由が――金権支配《プルトクラシー》、専門家支配《テクノクラシー》、犯罪組織支配《マフィオクラシー》によって――脅かされているのだから」とも。

「民主主義《デモクラシー》」は無意味さの典型例となった。有徳なる政治すべてと、そして、公共善を保証する唯一のやり方とを表象し続けたおかげで、この語はついに、あらゆる問題提起的特性、疑念を抱いたり問いに付したりするあらゆる可能性を、解消し、溶解させるに至った。せいぜいのところ、民主主義の様々なシステムや様々な感性のあいだの諸差異についての、いくつかの周辺的な議論が存続するのみである。要するに、「民主主義」はすべて――政治、倫理、法権利、文明――を意味し、それゆえ、何も意味しない。

この無意味さはきわめて真剣に受け取られなければならないし、そもそも、この「アンケート」が証し立てるとおり、それこそ現代の思想の営為が行っていることなのである。もはや、常識を断続的に浮かび上がらせるだけでは済まされない。民主主義の無意味さを、理性の審廷へ召喚することが要求される。

私はこのカント的修辞に訴える。カントをして「知識」の意味そのものを批判的検討に付することを余儀なくさせたものと等しい要請が、まさしく問題となっている、そう考えるからである。いかなるやり方で取り掛かろうとするにせよ、爾来、主体にとっての対象についての知識と、――唐突なまでに単純化する（そして、箇所をあらためて釈明するのを断念する）ならば、いわば「対象なき主体についての」――知識との境界画定を破棄することは、たとえ傾向的にであれ、もはやできない。しかるに、私たちはいずれ、「民主主義」という語の混乱した無意味さに茫漠と覆い隠された、二つの意味、二つの価値、二つの賭け金のあいだの、これに劣らず明晰で一貫した境界画定をなしうるようにならなければならない。

一方で、この語は――先の類推を敷衍するならば、カントの「悟性」の領域に対比しうる仕方で――統治や組織についての可能な諸実践の諸条件を指し示す。というのも、いかなる超越的原理もそれらを統制するとは主張しえないからだ(「人間」も「法権利」も、この観点においては、超越性に相当しえないと了解される)。

他方で、この同じ語が――今度は「理性」の領域に対比しうる仕方で――人間という〈理念〉かつ/または世界という〈理念〉を指し示す。というのも、それらは、世界の彼岸へのあらゆる帰属を免れながら、それでもやはり、それら自身において、その内在性を隠蔽することなしに、条件付けられない何らかの超越性の主体、つまり、何らかの完全なる自律性を発揮できる主体たりうる能力を要請するからである。(ご推察の通り、私は、「要請する」という動詞を、これもまたカント的類推に沿って用いている。有限性の領域、つまり「神の死」の領域において、無限への開かれの適正な様態を指し示すためである。)

この第二の意味了解が「本来的」だとは、もちろん、言えなかろうし、いかなる辞書をもってしてもそのお墨付きが得られるわけではない。だが、民主主義が全人類の平等において人類全体の自由を促進し約束すること、これは、この語の本義ではないにせよ、そこに繋ぎ留められた含意である。この意味で、近代の民主主義は、単に「市民」のみならず、絶対的、存在論的に、人間を巻き込むのである。たしかに、それはこの二つを混同しがちである。そうだとしても、近代の民主主義は、政治の変容以上のものに呼応している。人類学的意味を有するほどに深甚な文化や文明の変容に、また、それと連動した技術や経済の変容に。それだから、ルソーの社会契約は、単に政治体を創設するだけではない。それは、人間そのもの、人間の人間性を産出するのである。

2

一つの語についてこのような両義的語法がありうるからには、この語の起源と使用の領域について、つまり、政治という領域について、何らかの両義性や混同や不分明性がありえたのでなければならない。

実際、「政治」を構成する二重性や二義性からこそ、「民主主義」のうまく識別されずうまく統制されない両価性は出来する。政治は、ギリシア人から私たちに至るまで、決して止むことなく、二重の配置のうちに置かれ続けている。一方では、共同の実存の単なる規定、他方では、この実存の意味や真理の前提。政治は、あるときは、自らの行動や主張の及ぶ圏域を明確に区切るかと思えば、あるときは、反対に、実存の全体を引受けるところまでそれを拡張する（そうなると、その実存が共同のものか単独のものかは見分けがつかない）。二十世紀の諸々の大いなる政治的成就の試みが次のような前提の影響下になされたのも、驚くことではない。すなわち、共同存在は、諸関係や諸力の管理の自己超克や自己昇華として生起する、という前提。この超克、この昇華は、「民衆」や「共同体」や、さらにまたその他の諸々の名（その一つが「共和国」である）をもって呼ばれえたが、それは、（必要とあらば、区分された圏域としての自らを廃絶し、そして、例えば、国家を吸収し溶解させながら）自分自身を超克するという政治の欲望をきわめて正確に表象してきた。まさにこの自己超克――や自己昇華――からこそ、「民主主義」の両価性や無意味さは出来する。

3

実際、すべては政治そのものとともに始まる。それは始まったのだと思い出さねばならないからである。私たちは概して、つねにいたるところに政治はあると考えてしまう。おそらく、つねにいたるところに権力はある。だが、つねに政治があったわけではない。それは、哲学とともに、ギリシアの創出物であり、そして、哲学と同じように、神々の現前――農耕儀礼や神権政治《テオクラシー》――の終焉に由来する創出物なのだ。神話《ミュトス》の失墜の上にロゴスが建立されるのと同様に、神‐王の消失の上に政治が配列される。

民主主義は、まずもって、神権政治の他者なのだ。つまり、天賦の法権利の他者ということである。法権利を、それは創出しなければならない。それは自分自身を創出しなければならないのである。アテネの民主主義について私たちが好んで抱いてきた（それなりの理由はあろうが）敬虔なイメージとは反対に、その歴史は私たちに、それが初めからつねに自分自身に懸念を抱き、自らの再創出に気を配っていたことを明らかにしている。ソクラテスやプラトンの件はすべて、この文脈において、民主主義の機能不全に終止符を打つべき理性《ロゴクラシー》の支配の探求として生じた。この探求は、結局、私たちの下に至るまで続けられている。それは多くの変遷を経てきたが、そのなかでも重要なのは、国家とその主権をもって、公法の決定的に自律的な根拠を確立しようという試みであった。

主権を民衆に委譲したことで、近代の民主主義は、君主制（少なくともフランスの）の「神授の法権利」という見掛けによって依然として（拙く）隠蔽されたままであった事柄を、明るみに出した。つまり、主権はロゴスにおいてもミュトスにおいても根拠付けられない、ということを。民主主義（ルソーのそれ）は、生まれながらにして、自らが根拠を欠くと気付いていた。これがその強みであり弱みである。この交錯《キアスム》を、私たちはますます痛感している。

この強みと弱みがそれぞれどこへ通ずるのか、見抜かなければならない。

4

そうするために、民主主義は「市民宗教 religion civile」[訳注1]を伴わずしては始まりもしなければ再開もしなかったという観察から始めてみよう。こう言ってもよい。それは自らに信頼を寄せてきたその間ずっと、それでもわかっていた。なるほど、神権政治を「世俗化する」のではないにせよ、しかし、それでも、天賦の法権利について、その継承物や代替物ならずして等価物たりうるものを創出しなければならない、と。つねになされるべき創出を庇護してくれるであろう贈与者の形象。つまり、法権利を根拠付けずして、その政治的創造に祝福を授けてくれるであろう一つの宗教。

かくして、アテネやローマは、政治という宗教をもって生きた。それは、磨耗し――おそらくは決して、或いは滅多に、望まれた堅固たる庇護など与えなかった。ソクラテスが市民宗教に対する不敬虔の廉で断罪されるとしても偶然ではないし、キリスト教がユダヤ神権政治とローマの市民宗教（それ自体、共和国という自らの真の信仰に関して譲歩したことで、既に衰弱していたが）の双方から離反するのも同じく偶然ではない。哲学とキリスト教は、古代における市民宗教の長きに及ぶ苦境の傍らを歩む。キリスト教がやがて、単に新たな神権政治だけとか市民宗教だけとかいうよりも、王権と教権の曖昧な並立――連携、競合、分離――を取り除くことになるとき、市民宗教は、その旗標（アメリカにおいて）なり、その模範例（フランスにおいて）なりの下に甦らんとするだろうが、しかし、それは、宗教的という以上に市民的、そして、こうした言い方に異議があるとしても、いずれにせよ、霊的という以上に政治的であり続ける定めにあるだろう。

プラトンと民主主義の関係には、きわめてわずかな注意しか払われない。単なる時系列的な意味では最初の哲学者ではないものの、実のところ厳密な意味で創設的な役割を果たした人物に向けられる崇敬の念の結果、私たちの民主主義的ハビトゥスにおいても、彼の生きたアテネの国制に対する彼の敵意は、単なる欠陥として、貴族制的傾向として、認容されている。だが、賭けられているのははるかに重大な事柄なのだ。プラトンが民主主義を非難するのは、真理において根拠付けられていないこと、自らの最初の正当性という資格を産出しえないことである。都市国家の神々に向けられる疑念——そして、神々や神話一般に向けられる疑念——は、ロゴ

訳注1　社会の公的・政治的領域における宗教的な観念や儀礼を指す。特定の宗教と一致するものもあるが、それらとは独立して存在する場合もある。（『岩波　哲学・思想事典』「市民宗教」の項より）

ルソー『社会契約論』第四篇第八章「市民宗教について」（『ルソー全集 第五巻』白水社、一九七九年）も参照。

「社会は一般社会か特殊社会かであるが、この社会との関連において、宗教もまた二つの種類に区別されうる。すなわち、人間の宗教と市民の宗教である。（中略）後者は、特定の一つの国においてのみ制度化され、この国にその神々、すなわち固有の守護神を与えるものである」。

「ところで、各市民に自分の義務を愛させるような宗教を持つということは、国家にとって、まことに重要である。（中略）それゆえ、純粋に市民的な信仰告白が必要であり、その箇条を定めるのは主権者の役目である。この箇条は厳密には宗教の教義としてではなく、それなくしてはよい市民にも忠実な臣民にもなりえないような社会性の感情として定められるのである」（作田啓一訳）。

スにおける〈単数形の神《テオス》がその別名となる、一つのロゴスにおける〉根拠付けの可能性につながる。

5

爾来、一つの二者択一が私たちの全歴史を貫通している。政治は〈法権利とともに〉根拠付けられず、そうであり続けなければならないのか、それとも、根拠を、ライプニッツのいう「充足理由」を与えられるのか。第一の場合には、政治は、〈諸〉理由を欠くがゆえに、安全《セキュリテ》、自然や非社会性からの保護、諸利害の接合といった諸動因に終始する。第二の場合には、援用された理由や〈理性〉――神授の法権利、国家理性、国民や国際性の神話――が、自らの告示する共通前提を、支配と抑圧に不可避的に転じてしまう。

「革命」の理念の運命は、二者択一の両側面の接合部において演じられてきた。民主主義は、まさしく、革命を要求する。政治の基底そのものを転回させることを。民主主義は政治を根拠の不在へ曝け出さなければならない。だが、それゆえに、根拠と目されるところまで革命が再転回してしまうことは許さない。革命は、それゆえ、中断される。

ここ最近、中断された革命についての思想が、多くの様式をとって発展するのが見られた。革命の成就に――国家に――対抗する、反乱の瞬間の思想。創設の大望を排した、つねに更新される反逆と批判と転覆の行為としての政治という思想。国家《エタ》（つまり、字義通りに、確立《エタブリ》され、保証されているもの、それゆえ、真理において根拠付けられているとされるもの）を転倒するのではなく、むしろ絶えず擾乱する思想。こうした思想は正しい。「政治」は、人類にとっての前提にも、世界にとっての（というのも、いまや、人間、自然、宇宙は不可分だから）前提にも相当しないという、そのことを銘記しているからである。これは、近代《モデルニテ》の大いなる幻影であろうものの霧散に向かう、不可欠の一歩だ。この幻影は、国家の消滅への欲望、つまり、一貫性を欠くと知られている根拠を、真理に――平等で公正な、友愛に溢れ、あらゆる権力を免れた人間（と世界）という民主主義的投影像のうちに存する真理に――根差した根拠に置き換えようという欲望を通じて、久しく表明されてきたものである。

さらなる一歩を進めることが不可欠となる。根拠を欠き、いわば永続革命状態（この語句をこのように誤用することが可能であれば……）にある政治が、いかにして、それにとって権利上異質である諸圏域、各々の側において真理や意味の圏域である諸圏域の開けを可能にするという任務を担うのか、それを思考することが。「芸術」、「思考」、「愛」、「欲望」といった諸々の名、無限への関係――もっと適切に言えば、無限なる関係――を指示するその他のあらゆる可能な名称が、多少とも指し示す諸圏域。

狭義の政治の圏域に対するこれらの諸圏域の異質性を思考することが、政治の必然性である。ところが、「民主主義」——私たちがますますこのように呼ぶ習慣になっているもの——は、反対に、この習慣に沿って、これらの諸圏域、これらの諸次元の同質性を提示する傾向にある。不明瞭で漠然としたものだとしても、想定されたこの同質性が私たちに道を踏み外させる。

6

先を続ける前に、少しの間、言語学的考察に注意を向けてみよう。意味に富んだ語源学的過程が問題なのか、それとも、歴史上の偶然が問題なのかはともあれ（いずれにせよ、この二つの次元は、諸言語の形成や進化においてはうまく分離できないが）、私たちの政治的語彙の現状が、強力な思考手段を提供してくれる。「民主主義 démo*cratie*」は、力、暴力的賦課に帰着する接尾辞から形成されるが[訳注2]、これは、何らかの原理において根拠付けられ正当化される権力に帰着する接尾辞 -*archie* とは異なる[訳注3]。以下の系列を考察してみれば、事情は明らかだ。金権支配 ploutocratie、貴族制 aristocratie、神権政治 théocratie、専門家支配 technocratie、専制政治 autocratie、さらには官僚主義 bureaucratie（あるいはまた、衆愚政治 ochlocratie、すなわち「群衆の権力」）[訳注4]。これらは、次のもう一つの系列、君主制 monarchie、無秩序 anarchie、階層秩序 hiérarchie、寡頭制 oligarchie、とは区別される[訳注5]。これらの用語の歴史の正確な分析（他にも、県《ノマルシー》 nomarchie[訳注6]、四分治制《テトラルキア》 tétrarchie[訳注7]、或いは、重農主義 physiocratie[訳注8]、凡愚政治 médiocratie[訳注9] といったものが、時代・階層・言語使用域による相違も考慮しつつ、含まれるだろう）に立ち入らずとも、創設原理を指示する名称が、支配的な力への蔑称から明確に区別される様子が見て取られる（もちろん、このことは、「神権政治」とは、ある観点から考えれば、神授の正当な主権という理念に対立する用語であるということや、同様に、「貴族制」は、「最良の者たち」なる理念と彼らによる多少とも恣意的な支配という理念との間の矛盾を含むとい

訳注2　接尾辞« -cratie »は、「力」、「強さ」を表すギリシア語 κρατος（=kratos）に由来し、「権力」、「支配」の意味を与える。«démocratie»は、語源的には、δημος（=dēmos、住民・民衆）+κρατος（=kratos）であり、「民衆の権力」を意味する。

訳注3　接尾辞« -archie »は、「始まり」を表すギリシア語 αρχη（=arkhē）に由来し、「起源」、「原理」、「秩序」の意味を与える。

訳注4　それぞれ、ギリシア語の ploutos（富）、aristos（最良者）、theos（神）、tekhnē（技）、autos（自身）、（フランス語の）bureau（机・事務局）、okhlos（群衆）に由来する。

訳注5　それぞれ、ギリシア語の monos（一つの）、a（否定の接頭辞）、hieros（神聖な）、oligos（少数）に由来する。

訳注6　現代ギリシアの行政区分。nomos（地割り・地方）に由来。

訳注7　ヘレニズム、ローマ時代の四分割統治・四頭政治。特に、ディオクレティアヌス帝が定めた四皇帝によるローマ帝国の統治が有名。

訳注8　ギリシア語の physis（自然）に由来。

訳注9　フランス語の médiocre（凡庸な）に由来。

うことを含意する)。

もう一度言うが、狭義の言語学的現象が何であれ、いずれにせよ、「民主主義」という語は、創設原理の可能性から事物を遠ざけるようなのである。実際、こう言わねばならない、民主主義は本質的に、ほとんど原理的とすら言いたくなるような、何らかの無秩序 *anarchie* を含意する、と。もしも、このような修辞矛盾が許されるとすれば、ではあるが。

「民主秩序 démarchie」は存在しない。「民衆 peuple」は原理を構成しない。せいぜい、君主《プランシパ》なき原理《プランシプ》という撞着語法ないし逆説を構成するくらいである。それだから、また、民主主義体制の参照する法権利は、まさしく、自分自身の根拠の欠如に対する、つねに動的で更新される関係の中でしか、存続しえないのだ。だから、初期近代は「自然権 droit naturel」という表現を捏造したのだし、また、この表現の哲学的な含意が、ただし暗黙の混乱した仕方で、「人権」(や、動物、子ども、胎児、環境、自然そのもの、等々の権利)という表現のうちで働き続けているのである。

内容も射程も理論的にはたしかに十分に確証されている以下の言明を、再確認し、作動させるべきときである。すなわち、「人間本性 nature humaine」が存在しないだけでなく、「人間」は、それを「自然 nature」という(自律的で自己を目的とする秩序という)理念に突き合わせてみても、「自然」を欠いた主体、或いは、あらゆる種類の「自然」を逸脱する主体という以外に、いかなる特質も与えてくれないのである。この語をよい意味に取るか、悪い意味に取るかはともかくとして、ある意味における変質 *dénaturation* の主体。

政治としての民主主義は、超越的原理の上に根拠付けられえないがゆえに、必然的に、人間本性の不在の上に根拠付けられる、というか、無根拠付けられる。

7

そこから、政治という面で、その諸活動と諸制度という面で、二つの主要な帰結が導き出される。

第一の帰結は権力に関わる。民主主義は、特定の分離された権力審級の、少なくとも傾向的な消滅を、理法上含意する、或いは含意するように見える——ここで明確にすべきは、まさしく、それが外見なのか、それとも、実態なのかである。さて、既に見たように、問題となるのは、まさしく、こうした分離の破棄である。こうした破棄が実効的たりうるとすれば、それは「神々からなる民衆」[訳注10]にとってだ。「評議会 conseil」（やソヴィエト）の範型《モデル》。その理想的形態

訳注10　ルソー『社会契約論』第三篇第四章「民主政について」（前掲）「もしも神々からなる人民があるとすれば、この人民は民主政治をもって統治するだろう。これほど完璧な政体は人間には適さない」（作田啓一訳）。

は、要するに、常設の集会に集う民衆、特定の職務に当たる代理人の指名、そして、その同じ代理人を常時解任可能であることである。多かれ少なかれこの範型を目指す共同運営や参加の諸方式を実践することが、社会の様々な水準や規模において、可能であり、また、望ましくあったとしても、それでもやはり、一つの社会全体という規模ではそれが実践可能でないことに変わりはない。だが、これは単に規模の問題ではない。本質の問題である。社会 *société* は、本来、諸関係の外部性《エクステリオリテ》のうちに存する。この意味で、親族体系なり、集団自身の神話・象徴・トーテムへの関係なりによって固められた、内部性《アンテリオリテ》における集団の統合が停止するところでのみ、「社会」は始まる。こう言ってもよい。一九世紀末以来定式化されてきたような、そして、人間の「非社交的社交性」[訳注11]（カント）についての古典期のあらゆる考察に暗に含まれていたような、「社会」と「共同体」の区分が、もっといえば対立が、民主主義と同時代のものであるのは偶然ではない、と――同様に、農村的な生活共同体の解体は、都市の誕生と無縁ではなかった、と。都市――ポリス――は、あらかじめ、外部性における結合の形式を体現していた。その問題を民主主義が解決しなければならなかった。

もちろん、個人についてと同様、集団についても、これらの語――「内部性、外部性」――を字義通りに受け取ることが肝要なのではない。だが、これらの語の招き入れる諸表象が受容されているかどうか、活用されているかどうかという事実は、考慮に入れなければならない。

近代社会（私たちはこの事柄について、これ以外の包括的名称をまったく持ち合わせていない）は、その諸構成員（個人として想定される）の外部性と、彼らの諸関係（利害と強制力のそれとして想定される）の外部性に沿って、表象される。「社会」について、社会性《ソシアリテ》や社交性《ソシアビリテ》や連合《アソシアシオン》について語られるや否や、一つの人間学――形而上学とまでは言わないが――が丸ごと暗に了解されてしまう。人は外部性に基づいて連合する《アソシエ》、そして、分解《ディソシアシオン》はつねに連合の可能なる帰結としてある。

それだからまた、権力は、社会においては、「正当化された暴力」という顔貌しか纏わないように、集団の「内的」な真理に結び付いた象徴的機能などもたないように、見えるのである。民主主義は、それゆえ、ようやくのことで覚悟を決める。語の最も強い意味における（例えば、ときには、市民的かどうかはともかく宗教が、ときには、封建的忠誠が、ときには、国民

訳注11　カント『世界市民的見地における普遍史の理念』（『カント全集14』岩波書店、二〇〇〇年）第四命題

「自然のあらゆる素質の発展を実現するために自然が用いる手段は、社会における自然素質の敵対関係 Antagonism であり、しかもそれはこの関係が最終的に社会の合法則的秩序の原因となる限りでのことである。私がここで理解する敵対関係というのは、人間の非社交的社交性のこと、すなわち人間が社会のなかに入ってゆこうとする性癖であるが、同時にこれは社会を絶えず分断する恐れのある一般的抵抗と結びついている性癖のことでもある」（福田喜一郎訳）。

の統一が、その力を保証できたかと思われたような意味における）こうした象徴体系の不在を露呈するような、そうした権力を引き受けよう、と。この意味で、民主主義が欲する真の名は、そして、それが実際に一五〇年の間、自らの地平として産み出し、掲げてきた名は、共産主義*communisme* という名なのである。この名は、社会があらゆる点で自らに欠けているのに気付いていた、共同体の象徴的真理を、創造しようという欲望の名であったのだろう。この名はどうやら失効したようだが、その点をここで論じるつもりはない。それは、一つの理念を伝える名であったのだろう——かろうじて理念であって、厳密な意味における概念や、思想ではまったくなかった。民主主義が実際に、自分自身の本質や自分自身の行方について自問するのを導く思想の指針ではなかった。

今日ではもはや、共産主義の理想のあれこれの「裏切り」を告発するだけでは済まない。いや、済まないどころではない。それどころか、次のことを考慮に入れなければならない。共産主義の理念は、一つの理想——空想的《ユートピア》であれ、合理的であれ——である必要はなかった、ということを。なぜなら、それは、社会の外部性と、共同的・共同体的な内部性（或いは象徴性、或いは存在論的一貫性、いずれも同じことだ）との、弁証法的止揚を遂行する必要はなかったからだ、ということを。それは、社会それ自体が未決済にしておいたものについての問いを切り開く責務を負っていた。すなわち、端的に言って、象徴的なもの、存在論的なもの、もっと平凡に言えば、共同－存在の意味や真理のことである。

共産主義は、それゆえ、政治に関わるものではなかったし、そうである必要はなかった。政治の分離についてそれが仕掛けた告発も、それ自体、政治に関わるものではなかった。共産主義はそのことを知らなかった、私たちが今それを知らなければならない。

だが、そうであれば、権力について思い違いをしないことが肝要である。それは、非社会的な社会をどうにか保持していかんがための外的な弥縫策ですらない。社会という身体にとってそれ自体はまったく外的な、もっといえば、まったく冷淡に疎遠で、さらにはまったく敵対的でさえあるような諸欲求によって、簒奪されてしまいがちな弥縫策ではないのである。というのも、まさに、この「身体」が問題だからだ。それが有機的内部性を有する一つのものなのか、それとも、もっと適切な組織化の余地のある寄せ集めなのか、それを知ることが問題なのである。

権力は組織・管理・統治する、それだけで既に、その固有の圏域の分離は断罪すべきものではなくなる。だからこそ、今日、私たちは、私たちがそうありたいと望む「共産主義者」であったとしても、国家の必然性の意味を再び見出すのである（国家に抗してではなく、国家によって、国家を超えた他の諸々の問いが提起される。国際法や、古典的主権の限界といった問いが）。

だが、不可避であろうものに覚悟を決めるだけで済ませてはならない。権力の中には、統治の必然性以上のものがある。固有の欲望があるのだ。支配の欲動と、それと相関的な従属の欲動が。権力――政治的なものだけでなく、象徴の、文化の、知性の、言葉の、イメージの、等々――に関わるすべての現象を、道徳なり、正義と友愛の共同体という理想なりに逆らう諸力の力学に還元することはできない（というのも、（諸）権力についての私たちの分析の裏側を流れているのは、結局のところ、つねにこの種の非難だから）。こうした還元は、問題となっている欲動が、単なる破壊や死の欲望とは区別できることを無視している。制圧・征服・支配・指揮・統治へと向かう衝迫の中に、服属・屈辱・破壊を求める激情と、それと並んで、手中に引き受けることへの熱意、一つの形式や、形式が明るみに出しうるものに向けて保持・抑制・成形する力能への熱意とを、同時に見て取ることが許されないわけではない（いずれにせよ、少なくとも精神分析にとっては）。この二つの側面の複合、もっといえば混合は、避けうるものではなく、悪しき支配と良き馴致とを選別する欲動の警察を待ち望んで済ませることはできない。野蛮と文明はここにおいて危うげに隣り合うのだが、しかし、この危うさは、支配と所有へと駆り立てる動きの、不確かさと開けの証しなのである。

この動きは、生と同じく死にも、拡張する主体と同じく隷属する対象にも関わる。それは、欲望の中での存在の増大に関わる事柄であるのとまったく同じように、満足と充足の中での存在の倒壊に関わる事柄でもある。スピノザのコナトゥスにおいて、ニーチェの力への意志において、根本的に賭けられているのはこれだ。といっても、実のところ思想のあらゆる場面においてこの衝迫――これこれの目標へ向けて前成されても予定されてもいないとなれば、両価的でしかありえない――を指し示しているもののうち、最も明瞭な形象を挙げただけだが。

政治的権力は、たしかに、社会的結合《ソシアリテ》を確保するべく定められている。場合によっては、それに異議を申し立て、既存の諸関係を改鋳することまで見込みながら。だが、それは、そのことによって、社会的結合が、それについては権力そのものも無力であるような不確定なる諸目的へと、通路を見出してしまうかもしれないことを定められている。意味という終局 fin なき諸目的 fins への、欲望の諸意味・諸形式・諸強度への通路。権力への衝迫は、権力を権力自体のために追求しつつ、同時に、権力を超克する。民主主義は、権力の超克を原理として措定する――だが、それは、権力の真理、権力の偉大（もっといえば、権力の荘厳！）としてであって、権力の破棄としてではない。

8

権力についてこのような次第なのは、実のところ、つねに知られていたことで、なぜなら、統治者は被統治者の善のために統治するものだと、つねに――思考を欠く、単なる暴政の場合を除けば――考えられてきたからである（それゆえ、体制が明確に民主主義的であるかどうかによらず、いたるところで――再び、暴政の場合を除けば――権力は民衆に向けて整序されると言ってもよいだろう）。だが、権力の力能がこのように画定されるとしても、だからといって、被統治者にとっての善の本性や形式、内容が定まるわけではない。

この善は、本質的に定まっておらず（不確定だということではない）、そして、それを創出する動きの中でしか定まりえない。それが何でありうるのか、何になりうるのか、という問いかけ――気遣い、跳躍《エラン》――へと新たに開きながら、それを創造する動きの中でしか。一つの実存がいかなる形式、いかなる意味、いかなる賭け金を持つのか、出発点において（そして、この出発点を、私たちはつねに新たに引き受ける）私たちに知りうるすべては、二つの命題に要約される。

――それは、この実存は、自らに先立ついかなる意図にも、運命にも、投企《プロジェ》にも呼応しない。

――それは、個人的でもなければ集団的でもない。実存すること――つまり、「存在」の真理――は、「存在」の一性《ユニテ》のあらゆる公準が消滅するような、諸単数者の複数性においてのみ、生起する。

投企も一性もない善は、いくばくかの意味がそれにしたがって生起しうるような諸形式をつねに繰り返し創出することのうちに存する。いくばくかの意味 *du sens*、それはこういうことだ。

経験の諸可能性を、つまり、外への関係、無限への開けの可能性への関係の諸可能性を、お互いに送り返し合い、流通させ、交換し、分有すること。共 *commun* こそが、ここでの唯一の問題である。いくばくかの意味、諸意味、いくばくかの感覚、いくばくかの感情、いくばくかの感受性、いくばくかの官能性、これらは共においてしか与えられない。より正確に言えば、これらは共の条件そのものである。お互いを感じ合うこと、それによって、外部性を感じること。内部性へと変換・充填されるのではなく、私たちのあいだに張り渡され、張り伸ばされた、外部性を。

何らかの形而上学（こうも言いたくなる、諸目的 fins への関係、と）を投入する限り、そして、市民的かどうかはともあれ、何らかの宗教によってそれを確保しうるのでない限り、民主主義は、自らの政治をもってして、明白かつ大規模に露呈させてしまわぬわけにはいかない。意味と諸意味という賭け金が、その統治の圏域から溢れ出すという事実を。これは、公と私の問題ではないし、集団と個人の問題でもない。明確にこれらのいずれでもない、共 *commun* という問題、共同 *en-commun* という問題なのであって、その内実はひとえに、これらのいずれをも遠ざけることにかかっている。共とは、実に、世界の体制、諸意味の流通の体制なのである。

共の圏域は一つではない。それは、意味の次元への様々な接近——その各々も、諸芸術の多様性、諸思考の多様性、諸欲望の、諸情動の多様性、等々におけるように、それ自体、様々である――からなる。「民主主義」がここで言わんとするもの、それは、これらすべての多様性の、一つの「共同体」への受け入れ――前提なき――である。この「共同体」は、これらを統一するのではなく、反対に、それらの多数性を散開させる。そして、それとともに、数え尽くすことも成就することもできない諸形式をそれらが構成する無限を、散開させるのである。

9

近代民主主義の――つまり、繰り返して言えば、市民宗教という実効的原理なき民主主義の――誕生とともに、政治が自らに仕掛けた陥穽とは、社会の安定（国家 *l'État* の語源、すなわち、*il stato*、安定状態《エタ・スタブル》）[訳注12]の制御と、共同‐存在（つまりは、端的に、存在ないしは実存そのもの）のあらゆる表現形式を統括する一つの形式なる理念とを、混同するという陥穽である。

あらゆる諸形式の形式を憧憬することが不当であるとか、無益であるということではない。ある意味では、誰もがそのことしか求めていない。諸芸術の一つを通じてであれ、或いは、愛、思考、知を通じてであれ。だが、誰もが知っている――生得の、根源的な知に基づいて知っている――ように、あらゆる諸形式を包括し獲得することへの憧憬が真理を告げるのは、その真理がそれらの様々な発展へと自らを開いて、汲み尽くしえぬ多様性を蔓延るがままにしておくときだけである。一性《ユニテ》や総合への私たちの欲動は、それが正しく知られるならば、拡張と散開の欲動として知られるのであって、最終地点へ収縮するものとしてではない。政治についての理解の多くが、最終地点や唯一の意味という重荷を自らに背負わせてきたのである。

物事を、描線や欲望の角度から、音響や言語の、計算や身振りの、料理や布襞《ドレープ》の角度から捉えてみたまえ。どの一つの形式の体制とて、接触によって、参照によって、対照や類比によって、直接的、迂回的、断続的に、他のすべてへと通じることで花開くに至らぬものなどない――しかし、だからといって、いずれも、他を吸収したり併合したりしようとはしない。そんなことをすれば自分自身の否定を招くようなものだとわかっているからである。「銅片が目覚めると喇叭になっている」（ランボー）としたら、ヴァイオリンであることにはならなかったという

訳注12　「姿勢・位置・状態」を意味するラテン語の status に由来するイタリア語の単語 stato が、「政体・国家」の意味でも用いられるようになったのは一五―六世紀頃からであり、その最初期の使用例がマキァヴェッリ『君主論』におけるそれとされる。マキァヴェッリは stato を「その状態を保持する実力や権力（の主体）ないし権力機構」を指示する語として用いたが、これは古典古代的な政治共同体としての国家観から大きく断絶するものであった。「マキァヴェッリが『君主論』において問題にしたのは stato というものであり、これは端的に権力、権力者を示すものであった。（中略）stato は政治共同体や法共同体とは無縁な権力及びその担い手を示し、力、そして、限界状況においては恐怖感に訴えることを当然のことと考えるものであった」（『岩波　哲学・思想事典』「国家」の項より）。

ことなのだ。[訳注13]

だから、それは、諸形式の形式でもないし、一つの全体性の成就でもない。すべては、反対に、すべて以上の何かを、それなくしてはすべてが内破してしまうような何か（空白や沈黙かもしれないが）を要求する。そして、「政治」が、そのような何かがありうると信じさせてきたのだし、しかも、まさにその理由から「政治」は自分自身の区分を消し去らなければならないと、そう信じさせてきたのである。「すべては政治的である」と、つまり、政治においては他のあらゆる実践《プラクシス》が必然的に先行すると、言明することで。

政治は、他の諸形式の開けへの接近の形式を与えなければならない。根拠でも、意味の確定でもなく、接近の条件が先行するということだ。そのために、政治が服属させられるわけではない。より高次の任務という特性を授けられるのである。政治は、意味の諸形式や諸領域の孵化の可能性を、絶えず刷新しなければならない。その代償として、政治それ自体は、少なくとも同様の意味では、形式として構成されてはならない。実際、他の諸形式や諸領域は、即自的に終局 fins である諸目的 fins を内包する（芸術、言語、愛、思考、知……）。それに対して、政治は自らの領野を、力を形式へともたらすこと mise en forme に捧げるのである。

政治は決して目的に到達しない。それは暫定的な均衡状態を導く。芸術、愛、思考には、その都度、いわばそれが生起するごとに、自らが成就されたと宣言する権利がある。だが、同時に、これらの成就は、それぞれの固有の圏域においてしか価値をもたず、政治の役を担う資格は望みえない。こう言ってもよいだろう。これらの領域は「無限の完遂 finition de l'infini」の次元にあるが、それに対して、政治は無限定化 indéfinition に属する、と。

10

最後に、結論としてではなく、いくつかの断片的な覚え書きを記す。


訳注13　ランボーは、一八七一年五月一三日のジョルジュ・イバンザール（シャルルヴィル高等中学校時代の教師）宛の書簡に次のように書いている。

「ぼくは詩人になりたいのです。そして、自分を「見者《ヴォワイヤン》」にしようと努めているのです。（中略）そしてぼくは自分を詩人であると認知したのです。それはぼくのせいだ、というわけではまったくありません。私は考える **Je pense**、というのは誤った言い方です。ひとが私を考える **On me pense**、と言うべきでしょう。（中略）私とは一つの他者なのです。木片がヴァイオリンであることになっても仕方ありません。」

また、この二日後の五月一五日付けのポール・ドメニー（イバンザールの友人）に宛てた書簡にはこう書かれている。

「なぜなら私とは一つの他者なのです。もし銅片が目覚めると喇叭となっているにしても、それは少しも銅片のせいではありません」（平井啓之・湯浅博雄・中地義和訳『ランボー全集』青土社、二〇〇六年）。

非政治的な諸圏域（ここでは、「芸術」、「愛」、「思考」、等々と名付けられた）の境界画定は、所与でも不変でもない。これらの諸圏域の創出、その形成、その形象化や律動化——例えば、近代における「芸術」の創出——は、それ自体が、諸目的の創出というこの体制に、それらの変容、再創出、等々の体制に属する。

政治の圏域と他のすべての諸圏域との境界画定も、同様に、所与でも不変でもない。例えば、「文化政策」はどこから始まり、どこで終わるのか？ そして、民主主義の固有性は、自らにおける「政治」の圏域の諸境界について熟慮しなければならないことにある。

私の論点は、結局のところ、現にあるがままの私たちの民主主義における物事の現状を正当化することになるように見えるかもしれない。実際、政治は、「芸術」、「科学」、「愛」と称される諸圏域との分割線を——それらの各々に、無数の仕方で絶えず介入しながらも——遵守している。だが、こうした状況において、必ずしも、私が明らかにしようと努めていることが言明されたり熟慮されたりしているわけではない。すなわち、政治が、諸目的を前提とする場ではない、専ら、諸目的の可能性への接近の場である、ということが。こうした熟慮の場・機関・言説を創出すること、それは一つの重要な政治的身振りであろう。

「民主主義」とは、それゆえ、諸目的への関係における人間の変容の名、つまり、「目的であること」[訳注14]（カント）――としての自分自身への関係における変容の名である。それは、合理的人間の自己管理の名でもなければ、諸理念の天空に刻み込まれた決定的な真理の名でもない。あらゆる所与の目的の――あらゆる天空の、あらゆる未来の、けれども、あらゆる無限のではない――不在へと曝されていることを見出した人間、嗚呼、なんと拙劣な表現だろうか、その名なのだ。――曝されてあること、実存すること。

訳注14　例えば、カント『人倫の形而上学の基礎づけ』（『カント全集7』岩波書店、二〇〇〇年）を参照。

「人間は、ましてや理性的存在者は誰であろうと、それ自身が目的自体として実存するのであり、ただあれこれの意志が任意に使用する手段としてだけ実存するのではなく、むしろ自分のすべての行為において、その行為が自分自身に向けられる場合も他の理性的存在者に向けられる場合も、いつでも同時に目的として見なされなければならない」（平田俊博訳）。

民主主義諸国 対 民主主義

ジャック・ランシエール（対話）

――民主主義は今日、先例のない合意《コンセンサス》を享受している、という広く行き渡った考え方にあなたは同意していません。それは、民主主義に対するあなたの理解の仕方に原因があるのではないでしょうか。というのも、あなたの考える民主主義は習慣的な意味とは非常に異なっているのですから。

答えが二つあります。第一に、なるほど私が擁護しようとしているのは、民主主義は統治の一形式にも社会生活の一様式にも還元されえない、ということです。しかし、たとえ「民主主義」を、通常のものと言えるであろう意味で用いるとしても、私はその価値に関して一つの合意《コンセンサス》があるとはまったく思いません。一方に民主主義が、他方に全体主義があることがはっきりしていた冷戦の時代に比べると、「民主主義国」と呼ばれている国々において壁の崩壊後に目撃されているのは、〔冷戦時代に民主主義が賞賛されていたのとは〕反対に、民主主義に対する潜在的ないし明示的なある種の不信、嘲弄なのです。『民主主義への憎悪』〔松葉祥一訳、インスクリプト、二〇〇八年〕において私は、支配的言説の大部分はさまざまな形で民主主義に反して作用している、ということを示そうとしました。二〇〇二年の〔大統領〕選挙や二〇〇五年の欧州憲法〔の批准〕に関する国民投票をめぐってフランスで取沙汰されたことのいっさいを例にとるならば、そこには、民主主義の破局を論じた言説、無責任な諸個人、国家の大選択をまるで香水のブランドか何かを選ぶことが問題であるかのようにみなす、ちっぽけな消費者たち、といったものすべてがありました。結果的に、憲法がふたたび人民投票に委ねられることはなかったのです。それゆえ、こうした投票に対してさえ大きな不信があるわけですが、それでもこれは、民主主義の公式の定義の一部をなしているわけです。ヒトラーを連れてきたのは民主主義である、と述べたコーン＝ベンディット[訳注1]を筆頭にして、諸々の古き〔反民主主義的な〕言説がふたたび立ち現れるのが目にされたのです。それだけではありません。知識人と呼ばれている者たちにとって民主主義は、型にはまった消費者としての個人による支配、凡愚政治なのですが、そうした者たちにおいてほぼ支配的となっている見解、すなわち右派から極左に至

訳注1　ダニエル・コーン＝ベンディット（Daniel Cohn-Bendit 1945-）　フランス生まれのユダヤ系ドイツ人で欧州議会の議員。一九六八年に起こったパリ五月革命の指導者のひとりであった。フランス語読みでダニエル・コーン＝バンディと表記されることもある。

るまで、たとえばフィンケルクロート[訳注2]から『ティクーン *Tiqqun*』誌[訳注3]に至るまで（！）、何度も目にする見解が存在するのです。

――それでもやはり、誰もが民主主義者だと名乗っているわけですが……。

とんでもありません！ ひとは次のように言っています。いくつかの国家は民主主義国と定義されるが、民主主義者は民主主義国の敵とみなされるのだと。これは三〇年以上も前に、日米欧委員会[訳注4]によって展開されたテーマでした。そのテーマとは、民主主義諸国、すなわち裕福な国々は、民主主義によって脅かされているということ、つまり、民主主義者たちの、誰であれ共同体の諸事を引き受けようとする者たちの、野放しにされた活動によって脅かされている、ということでした。

今日目撃されているのは、その言葉〔＝民主主義〕の起源にさかのぼるものです。その語が存在して以来合意《コンセンサス》があるとすれば、それは、「民主主義」は多様で相反する諸々の事柄を意味する、という考え方についての合意《コンセンサス》なのです。それは、民主主義は統治の一形態ではなく自分が欲するように行動することを切望する人々の恣意にすぎない、と述べたプラトンとともに始まりました。引き続きアリストテレスは、民主主義は民主主義者にそれを行使させないという条件があれば善いものである、と言いました。近代になって、民主主義は諸政体の中で最悪のものだがそれはほかのすべての政体を除外した場合の話である、という民主主義に関するチャーチルのくどくどしい格言とともに、それは新たな展開を迎えます。それゆえ私は合意《コンセンサス》があるとは思いません。〔民主主義という〕概念を分割することを本領とする合意《コンセンサス》ならば別ですが。

――その概念〔＝民主主義〕において、私には、諸自由、議会制度、行使すべきいかなる特別の資格も持たざる者たちの権力というランシエール流の民主主義〔の三つ〕を頂点とする、一種の三角形のようなものが見えます。これほど異なった事柄を包含するこれほど多義的な言葉を保持する価値があるのでしょうか。あるいは使い古された言葉が問題となっているのではないでしょうか。言葉の摩耗ということもあるでしょうからね。「共和制」という言葉を例にとりましょう。一八二五年には「共和主義者」だと名乗ろうものなら首をはねられたものですが[訳注5]、今日ではそれはもはや何も意味しません。

訳注2　本書、ベンサイード論文の訳注1（三九頁）を参照されたい。
訳注3　一九九九年にフランスで創刊された左派系の雑誌。
訳注4　日米欧委員会（The Trilateral Commission）とは、高度産業社会が抱える問題を検討するために、一九七三年一〇月に日米欧の三つの先進工業地域の民間各界指導者によって組織された委員会である。
訳注5　ナポレオンの失脚後、一八一四年に王政復古が起こり、即位したルイ一八世は、反動的な専制政治を行った。それを引き継いだシャルル一〇世は、一八二五年に冒涜禁止法を成立させて、いっそう反動的な政策を推し進めた。

政治的概念の特性は、それらが多かれ少なかれ多義的であるということではなく、それが闘争の対象であるということだと私は思います。政治的闘争とは、言葉の我有化のための闘争でもあるのです。哲学の古き夢というものが存在します。それは今日では分析哲学のそれであって、言葉の意味を、あいまいさや多義性……を取り除くという仕方によって完璧に定義するという夢です。しかし私は、言葉をめぐる闘争は重要であって、民主主義がコンテクストに応じて異なった事柄を意味するのは自然なことであると思います。フランスの平均的知識人にとって民主主義は、テレビの前にへたりこんだスーパーマーケットの客による支配のことです。しかし、私が以前に訪問した韓国では、ほんの二〇年前に独裁が滅んだばかりであり、国家機構から分離された集合的権力という思想は、人民による街路の占拠という人目を引く形式によって表現される何ものかを意味するのです。私は、その言葉〔＝民主主義〕が発明された西洋において、それがある意味で摩耗しているということを認めます。しかし、アジアで起こっていることのいっさいを考えれば、その言葉はなおもある意味を持っているのです。民主主義の代わりにもっとよい言葉があるのならば、私はそれを切望します。しかしどの言葉がそうだというのでしょう。平等主義という言葉でしょうか。それは〔民主主義という言葉と〕まったく同じだというわけではありません。「民主主義」とは、不平等の核心にすでに存在している平等のことなのですから。手垢がつかなかった言葉があるでしょうか。さらに、言葉を口にする際にひとがしていることを知らねばなりません。ひとはどんな力を強化し、どんな力を無力にするのでしょうか。私にとっての問題はそこにあります。

――あなたにとって民主主義は、統治の一形式でも社会の一形式でもないのですから、それは到達しえない理想のようなものではないのか、と私は自問しています。あるいはことによると、それは批判の道具、一種の論争のドロップハンマーのようなものではないかと。

いいえ。理想のようなものではありません。というのも、私は常に、平等は前提であって到達すべき目的ではない、というジャコト[訳注6]の原理に基づいて活動しているからです。私が言おうとしていることは、人民の権力、権力を行使するいかなる特別な資格も持たない者たちの権力、という意味の民主主義は、政治を思考可能なものにするものの基盤そのものである、ということなのです。もし権力が、もっとも博識な者、もっとも強い者、もっとも裕福な者に帰属するとするならば、ひとはもはや政治の中にはいないことになります。それはルソーが展開した、最強者の力は権利として表明される必要はない――最強者が〔実際に〕最強なのであれば、その者は自分の力を認めさせるだけのことである――という議論です。ほかの正統化は必要ない

訳注6　ジョゼフ・ジャコト（Joseph Jacotot 1770-1840）フランスの哲学者・教育者。

ということです。私は、民主主義は平等主義的前提であって、私たちのそれのような寡頭政治的政体さえも、程度の差はあれこの前提に基づいて正統化されねばならない、と考えています。民主主義が批判的機能を持っているのはもちろんのことです。それは、支配力を持った集団の中に客観的かつ主観的な仕方で二重に打ち込まれた、平等の楔であって、政治がポリスへと単純に変貌してしまうのを妨げに来るものなのです。

――『民主主義への憎悪』の最後の頁で、あなたは次のように書いておられます。「平等な社会とは、特異かつ一時的な行為を通じて、いま・ここで描き出される、平等主義的諸関係の総体にすぎない」と。この一節は、政治に関する〈諸テーゼ〉[訳注7]――政治はあなたにとって民主主義という概念にとても近い概念ですが――に含まれる、次のような別の一節を、私に連想させます。「政治は、常に暫定的な偶然の出来事として、支配の諸形式の歴史の中に生じる」。さらに『不和あるいは了解なき了解』〔松葉祥一ほか訳、インスクリプト、二〇〇五年〕の最後では、「政治は、その特殊性の点で、稀なものである。それは常に局所的で偶発的である」と書いておられますね。一時的、暫定的、偶発的な民主主義、政治……こうした不意の、短期の、束の間の〔＝明日なき sans lendemain〕生起は、解放運動についての悲観的なヴィジョンではないのですか。

私は、かつて短期で束の間の〔＝明日なき〕生起について語ったことはないと思います。私は、現出があったのちにいっさいがふたたび平凡な状態に陥ってしまうような歴史のヴィジョンを提示してはいません。あなたが引用しているテクストにおいて、私はただ、平等とはその領域を描き出す諸実践の総体として存在する、ということを言おうとしたのです。平等の現実性は、特定の、平等の現実性としてのみ存在するのです。私は、平等がバリケードを支えにすることによってしか存在せず、ひとたびバリケードが破壊されればそれで終わりであり、ひとは無気力状態《アトニー》に戻ってしまう、などと言いたかったわけではありません。私は出来事や生起の思想家ではなく、むしろ伝統、歴史を有するものとしての解放の思想家です。この伝統、歴史は、ただ輝かしい重大行為によって作られるのではなく、国家や合意《コンセンサス》等々の諸形態ではない、共通なものの諸形態を創造しようとする探究によっても作られるのです。もちろん時間性を分節し開く諸々の出来事が存在します。たとえば、一八三〇年七月の三日間[訳注8]はある空間を開きましたが、その空間に、労働組合、一八四八年の蜂起[訳注9]、〔パリ〕コミューンが次々と流れ込んでいったのです。

訳注7　『政治的なものの周縁で』（*Aux bords du politique*, Gallimard, 2004）においてランシエールが示した十のテーゼを指す。ここでは第六テーゼの一部が引用されている。

訳注8　一八三〇年七月に起こった、いわゆる「七月革命」のこと。これによって、反動的な政策をとっていたシャルル一〇世はオーストリアに亡命し、ブルボン朝は消滅した。

平等はそうしたものを通じて、現実的に存在するのであって、よき戦略、よき指導、よき知識その他のおかげで到達される理想のようなものではないのです。率直に言って私は、なぜこのような〔私の〕姿勢が、ほかのそれよりも悲観的だということになるのかがわかりません。イタリアにおける革新的な大物政略家の数をごらんなさい。そして何かと思えば結局ベルルスコーニがいるというわけですよ。未来の鍵を持っているすべての人に、よき政治戦略を持っているすべての人に、いつか釈明――今日われわれに起こっていることに関する釈明――を求めねばならないでしょう。もし楽観主義者なのは彼らであって私は悲観主義者だということに、現実主義者なのは彼らであって私は夢想家であるということになるのでしたら……（笑）。

――古文書に埋もれて研究しておられたあなたですが、そのような方にしては、歩みが過去に結びついているとは私にはそれほど感じられないのですが。

いいえ、結びついていますとも。私は解放に関する諸々の伝統があると考えています。私が研究しようとしている対象は、レーニン主義者とその取り巻きの戦略的ヴィジョンによって独占されたものとは、別の伝統なのです。私は歴史の必然性という思想に抗して闘うのをやめたことは決してありません。古文書に埋もれて研究をした結果、少なくとも一つのことを教わりました。それは歴史が一つの生しか持っていない者たちで成り立っているということです。そのことは、歴史は何も作らず何も言わないということを、歴史と呼ばれているものはみずからに固有の生や経験を起点として時間性を構築する者たちによって織りなされているということを、意味しているのです。労働者階級や労働運動といった大きな主体の歴史が語られますが、実際、伝達には諸々の切断があって、過去との繋がりが絶たれ、それからその繋がりが復元され……といったことがよく見られます。六八年のあとに起こったことをごらんなさい。数年にわたって〔六八年の「五月革命」に対する〕否認や憎悪さえありましたが、そののちに、一九六〇年代に起こったことに新たに関心を持つ世代が到来し、毛沢東主義等々を再発見しているのです。こうした新たな世代は、いくつかの言葉に対して、それらの言葉に結びついた希望に対して、ふたたび意味を与えようとしていますが、それはさまざまなコンテクストにおいて、諸々の伝達形式を用いてなされています。そうした伝達諸形式もまた〔コンテクストと同じく〕さまざまであり、偶然に左右されるものなのです。

（エリック・アザンによってまとめられた諸々の発言）

訳注9　一八四八年の二月革命のこと。七月革命のあとにオルレアン家のルイ・フィリップが国王となり、立憲君主制がとられたが、大ブルジョワジー寄りの政策をとったため、中小資本家や労働者の不満が高まり、蜂起が起こった。

民主主義、売出し中

クリスティン・ロス

クーフーラン対クシュネール[訳注1]

私は民主主義者か。一八五二年にオーギュスト・ブランキは「民主主義者」は「定義なき」語であると書いた。「いったい民主主義者とは何なのか、おたずねしたい。これこそ漠然として陳腐で、明確な意味を欠いた語であり、ゴムのような〔弾性のある変化自在の〕語である」[原注1]

「民主主義者」という言葉は今日、前よりもゴムのようでなくなっているのだろうか。

二〇〇八年六月、リスボン条約について国民投票を行った唯一の国、アイルランドは、反対票を投じた。条文の主要な起草者のひとり、ヴァレリー・ジスカール゠デスタンは、「小条約」（その英語版は三二二ページを超えていた）が、その三年前にフランス人とオランダ人が今回と同様に国民投票という方法によって意見を求められたときに否決した欧州憲法条約の計画をわずかばかり手直ししただけの異本にすぎないということを、初めて認めた人物である。「道具はまったく同じである。道具箱の中の順序が変わっただけである」[原注2]。結局のところそれは、フランス人とオランダ人とが拒否した同じ条約が、再び投票に委ねられたということである。今回、フランスとオランダを含めた他のすべての国がその代表者たちに決断を任せたのに対して、アイルランド国民に、人民投票によって条約に賛成か反対かを決定する権利を与えたのは、主要ジャーナリズムが好んで繰り返したように、アイルランド憲法の「変則」であった。アイルランドに対する警戒心がヨーロッパのジャーナリズムの中で高まるのが感じられた。ヨーロッパのジャーナリズムは、この「変則」が非理性的で破壊的なふるまいをする庶民にとっての格好の機会になると考えた。というのも、結局のところアイルランド人は第三世界のように、良い選択をするための政治的な分別が欠けていたのかもしれないし、ことによると民主主義に対して準備できていなかったのかもしれないからだ、と。こうした疑念は、投票直前の数日間に度を超えて高まり、フランスの外務大臣ベルナール・クシュネールは、アイルランド人には彼ら

訳注1　クーフーランとは、北アイルランドのアルスター地方のケルト伝説に登場する英雄のこと。クー・フリン、ク・ホリン、クー・フランとも言う。著者はリスボン条約に反対を表明したアイルランド人をこのクーフーランになぞらえている。

原注1　Auguste Blanqui, « Lettre à Maillard », 6 juin 1852, in *Maintenant il faut des armes*, Paris, La Fabrique, 2006, pp. 172-186.〔「マイヤールへの手紙」『革命論集』加藤晴康編訳、彩流社、一九九一年、一〇七―一二四頁〕。

原注2　Blog de Valéry Giscard d'Estaing, 26 octobre 2007.

を惨めな境遇から救い出したヨーロッパに対する恩義があるのだから、彼らは事実上賛成票を投じるように強いられていることをはっきりと理解させるのが良い、と考えた。クシュネールは、「ヨーロッパの金を大いに当てにしたアイルランド人を、私たちが当てにできないということは、まともに考えればまったく困ったこと」だと明言した。[原注3] いまやブリュッセルの金を持って逃げた強盗として扱われるアイルランド人と、「まともな考え」――つまり、政治を国家間の条約、首脳会談、委員会の壮大なゲームとみなすことを学んだ他のすべてのヨーロッパ人――との間にクシュネールがもうけた区別は、その数日前にダニエル・コーン＝ベンディットによってほのめかされていた。「アイルランド人はヨーロッパからすべてを手に入れたのに、彼らはそのことを自覚していない[原注4]」。

テクノクラート主導の「新しい」ヨーロッパというこの美辞麗句は、かつての帝国の植民地主義的な比喩を想起せずにはいなかった。すなわち、アイルランド人は粗野で懐柔できない民族の現代的な姿であり、指導者に逆らうことによってしか感謝の念を表現できないということである。しかしそれだけではなかった。アイルランド人の憲法への支持は、返済の義務とみなされていた。すなわち、欧州連合は投資をしたと考え、その収益を明らかに期待していたということである。〔ニコラ・〕サルコジ大統領も内輪では歯に衣を着せずに言った。「このアイルランド人ってやつらは本当に大馬鹿者だ。あいつらは何年間もヨーロッパの背後でいい思いをしておいて、くそったれ、今になっておれたちに一発喰らわせやがる！」[原注5]。

国民投票はほんのかたちだけ、専門家の文案に検印を一押しすることでしかないはずだった。しかし、アイルランド人は国民投票を真の投票と受けとることを決心した。条約を否決するという決断と裕福な国々への同調の拒否のうちに、バンドン会議[訳注2]のこだまを聴き取れるように感じた者もいた。すなわち、アイルランド人は少数派となったばかりではなく、他の類いの少数派、つまり最近の歴史として植民地化された経験のある少数派となったということである。投票の翌日、条約の失敗の包括的な説明をする者もいた。すなわち、有権者には理解することができず、エリートに専念させておくのがより賢明だと言われた文書に賛成することに対する、有権者の反感である。批准に反対するある人が言ったように、「条約が失敗する運命にあったのは、私たちアイルランドの有権者が条約は読みにくく、理解不可能であると思ったからである。条約は私たちの理解力を試す意図をもって起草されたのである[原注6]」。換言すれば、「統治」のこれ

原注3　Interview sur RTL, 9 juin 2008.
原注4　*Le Monde*, 7 juin 2008.
原注5　*Le Canard enchaîné* によるリポート、そして *Irish Times*, 20 juin 2008 に引用。
訳注2　バンドン会議は、一九五五年インドネシアのバンドンで開催された、アジア、アフリカの独立国政府間会議で、反帝国主義、反植民地主義を提唱した。会議参加国が西側諸国と東側諸国いずれにも属さない第三の立場を主張したことで、第三世界の存在を印象づけた。

ら複雑な問題は専門家に、テクノクラシーに委ねた方が良いのだと、条約のかたち自体によって有権者に理解させる意図をもって、条約が起草されたということである。

欧州の役人たちは急いでこの敗北を「ポピュリズム」のせいにした。アイルランド人は——おそらくは好ましい結果に達するまで——再度投票しなければならない、と彼らは繰り返し言った。ヴァレリー・ジスカール＝デスタンとニコラ・サルコジはすぐさま新たな投票を訴えた。たとえば、フランス・アンテルにおいてである。

ジスカール　アイルランド人がもう一度、自らの考えを表現することができるようにするべきです。

ニコラ・デモラン　自らの考えを表現した国民に再投票させることは、あなたにとって根本的に不愉快なことではないのですか。

ジスカール　人は再投票を経験してきました。そうでなければ、フランス大統領は〔たった一度の投票で〕永遠に選ばれることになるのでしょう。[原注7]

時には、再投票する時間がたっぷりある、ということがある。リスボン条約はそれ自体、すでに再投票にかけられた条文であった。というのもフランス人とオランダ人がそれを否決していたからである。だが、再投票する時間がなかったり、ブッシュ対ゴアの二〇〇〇年のアメリカ大統領選挙で結果に異議が申し立てられた場合のように、投票後に票を数え直す時間すらなかったりすることもある。私が住むハドソン・バレーの貧しい農村地域では、再投票に時間が費やされる。私たちの郡では、生徒ひとりあたりに費やされる資金と全国一律試験の結果との比率によって計られる、その教育制度の無様さのために——ミシシッピやアラバマのいくつかの郡とともに——序列の最後尾に格付けされる。それは、最も資金を費やして最も悪い結果を得ている教育制度のひとつなのである。しかしながら稀に、有権者たちが法外な教育予算の新たな提案を阻止することに成功し、そうして官僚や行政官を自らの責任に直面させようとしても、有権者たちにはまったく同じ法案が、「子供たちを見捨て」なければならなくなるリスクについての新たな威嚇を伴って、可決されるまで毎月課される。

したがって、今日存在する代表制民主主義において、再投票は少しも例外的なことではない。どうやら「否決」は本当に「否決」を意味するのではないらしい。人民の裁可によって葬り去られた条約が依然として生きながらえているばかりか、アイルランド人は投票という民主主義的な権利を行使し、投票を真剣に受け取ることによって、ヨーロッパの寡占的支配者によれば

原注6　Bosco, Bantry Country, Cork, République d'Irlande. http://my.telegraph.co.uk

原注7　France Inter, 24 juin 2008.

彼らは、議会の権力にではなく、民主主義自体に侮辱を加えたとされるのである。この点について、欧州議会議長のハンス＝ゲルト・ペテリングは次のように言った。

アイルランド人の大半は、欧州連合のこの改革の必要性を確信していませんでした。欧州連合の諸決定のさらなる民主性、効果、明瞭さ、透明性を望んでいたあらゆる人々にとって、それは当然ながら大きな失望です。[原注8]

さらには数の論理もそれを裏付けた。ヨーロッパ人五億人がアイルランド人八六万二四一五人――ヨーロッパの人口の〇・二パーセント以下――に人質に取られたというわけである。フランスやドイツといった大国のエリートたちは、次のような反応を示す。

アクセル・シェーファー（ドイツ連邦議会におけるドイツ社会民主党の指導者）：「ヨーロッパの大多数に対する、少数派の中のさらなる少数派の裏切りを、許しておくわけにはいきません[原注9]」。

ヴォルフガング・ショイブレ（ドイツの内務大臣）：アイルランド人数百万人がヨーロッパ

人四億九五〇〇万人の代わりに決断することはできません」[原注10]。

ジャン・ダニエル　「アイルランドのような人口四、五〇〇万の国ひとつが、合わせて市民四億九〇〇〇万人となる国々を人質に取ることはできません」[原注11]。

ところで、アイルランドの悪者たちが人質に取ったヨーロッパ人五億人には、少し前に憲法に反対票を投じたフランス人とオランダ人も、おそらくは数え入れられていた。しかし、数字にけちをつけるのはやめよう。それよりも、ある形象、一九六〇年代におけるエリートたちの大パニックというかつての歴史的エピソードの際に登場し、それ以来危機のときには戦略的に引き合いに出される、よく知られたある人物像が、繰り返し出現するということを検討する方が興味深い。すなわち、「声なき多数派」である。「声なき多数派」が引き合いに出される以上、それは、量の論理によって世界が二分されたという徴候である。そこでは今ある諸力が数の観

原注8　*Institutions*, 13 juin 2008.
原注9　*Irish Times*, 14 juin 2008.
原注10　*Deutsche Welle*, 15 juin 2008.
原注11　Dominique Guillemin et Laurent Daure, « L'introuvable souveraineté de l'Union européenne », *L'Action république*, 3 juillet 2008. http://action-republicaine.over-blog.com/archive-07-03-2008.html

点からと同時に道徳の観点から描かれる。すなわち、非難がましく、自らが「抑圧されている」と称する声なき多数派が、烙印をおされ、がなりたてる少数派に対して守らなければならない「法」であり、転覆的で破壊的な少数派によって曲解された、公民的で多数派のヨーロッパのことである。「声なき多数派」が現れるのは、大多数が自らの考えを表明するときではなく、誰かが彼らにかわって自らの意見を表明するときであり、そして少数派がますますはっきりと「声なき多数派」の声の権威と正統性とを横領していると見られるときなのである。原注12

フレデリック・バによれば、「声なき多数派」の語は、リチャード・ニクソンとスピロ・アグニューがベトナム戦争に対する騒々しい反対への対応策を見つけようとしていた時代に、彼らによって発明された。フランスでは、この語は一九七〇年の「反破壊行為者法訳注3」の採決の一環として最初に登場したのだが、バが強調するように、それは民主主義に関する全般的な考察という背景のもとにおいてであった。

私たちの民主主義において、各人には、少数派が自らの法をこの国の声なき多数派に押しつけることがないようにする責任があります。もしこの多数派が盲従するだけなら、多数派は軍政を、つまり、従来の法を尊重せずに自らの法を押しつける、活動的な少数派の政体を経験することになるでしょう。

しかしバは、この形象を（ひそかに）導入したのは、反乱の真っただ中の一九六八年五月一九日、当時ピュイ・ド・ドーム県の国民議会議員だったヴァレリー・ジスカール＝デスタンに他ならないとする。

私は、私たちの国を覆う全国規模の深刻な状況下において、学生、労働者の大多数の観点を、そしてまた、普通のフランス人男性とフランス人女性の大多数の観点であると私が心得ているような観点を、ただ表明したいだけなのです。この大多数は秩序が回復され、自由が守られることを望んでいます。〔……〕フランス人の大多数は、秩序、自由、進歩を渇望し、専制も無政府状態も受け入れないとしながら、これまで声をあげないままでした。この大多数はいざとなれば、自らの考えを表明する準備ができているにちがいありません。

原注12　Frédéric Bas, « La “majorité silencieuse” ou la bataille de l'opinion en mai-juin 1968 », in P. Artière et M. Zancarini-Fournel (dirs.), *68 : Une histoire collective*, Paris, La Découverte, 2008, pp. 359-366 を参照。

訳注3　「反破壊行為者法（loi anti-casseurs）」は、主として極左運動の高まりを抑制する目的で、ジョルジュ・ポンピドゥー政権が一九七〇年六月八日に公布した法であるが、その内容の曖昧さゆえに政府による拡大解釈の危険があるとして、反対の声も少なくなかった。同法はその後、フランソワ・ミッテラン政権下の一九八一年一二月二三日に廃止された。

一九六〇年代には、大多数の人々のあいまいな沈黙は、政府の責任者たちによって、良識の表れとして、無政府状態と専制とに対する防塁として、平然と解釈されえた。少数派は街路で「発言」したが、多数派の沈黙は高く評価され、それは、巨大な予備軍として、つまり、この多数派が投票という正統な仕方で自らの意見を表明するのを求められるときまでは封じ込められる勢力として、作動しえた。二〇〇八年、声なき多数派であるヨーロッパ人の「大多数」は、支配的なエリートがまったく同じような確信をもって、自分たちの沈黙を解釈するのを目撃するのだが、ただしこの沈黙は今や永遠であることを余儀なくされている——暗黙の承諾としての民主主義〔である〕。今日、政治的な発言権を奪われた人々は、「統治」——九〇年代にひろく普及した概念——は全員の利益になるという考えに満足しているが、この統治は実際には、最も権力を持つ者と最も裕福な者による、まったく無制限の権力の行使でしかない。アイルランドの国民投票を他の仕方で解釈することもできるかもしれない。人々は、無法で暴力的な民主主義の亡霊をちらつかせたアイルランド人に対して、彼らアイルランド人が将来投票する権利——と他の人々の投票する権利——を投票によって永遠に放棄するよう要求していたのであるが、それを強弁しえたのは民主主義的な責任の概念をまったく免れた支配的官僚制のおかげであった。欧州連合はアイルランドに多額の投資をしたが、欧州連合が見返りに要求した利益は投票の権利を廃止するか、あるいはそれと同じことであるが、望ましい結果——承諾——が得られるまで投票を続けることを義務づけるかであった。統治——超国家的で近寄りがたく、いかなる労働者の組織も直接には立ち向かうことのできない、欧州官僚機構の創設——が行われるのは、裕福な国あるいは発展途上国の急進的な少数派が何らかの仕方でシステムを揺るがすのを妨げるためである。

一九六八年に街路で直接民主主義を実践していた「活動的な少数派」の大部分は、選挙という使い古され、儀礼化した代表制民主主義の営為を、サルトルの有名な言い回しを用いるならば、「見え透いた術策」とみなしていた。一九六〇年代と現代との隔たりから明らかになるのはまず、普通選挙の漸進的な解体——普通選挙の気まぐれな結果を無力化し、人民の意志とこの意志の表現を「合理化する」ために、「代表制」民主主義からすらその有効性を奪う試み——である。「合意《コンセンサス》」という語は、実際に人々を社会化して彼らを黙らせるやり方を叙述するのにもはや十分ではない——沈黙は承諾に相当するのであるから。しかし、アイルランドの例はまた同様に、投票箱すらもが武器になりうるときの、民衆《デモス》の創造的な能力、そのブリコラージュの天賦の才能を明らかにする。このことによって、民主主義は非常に様々な政治的形態を通じて主張されうるということが、よく示される。ジスカールのような人の冷笑的な態度がそれをきわめてはっきりと表現するように、他の誰もが時代遅れとなった儀式を真に受けようとしない時代にあって、その時代遅れの儀式を人が本気でとらえるとき、投票でさえも「変移的民主主義」

の契機を出現させることができる。すなわち、ありふれた市民の政治的な潜在的能力である。原注13 投票は人民主権に対抗する反民主主義の攻勢に反撃する武器として用いられることができるだろう。この攻勢の先頭に立っているのは、地球規模の民主主義の君臨として姿を現す「ヨーロッパ」である。この「ヨーロッパ」は、こうした地球規模の民主主義という商標のもとで、平和、正義、そしてとりわけ民主主義を引き合いにして、売り出されているのである。

民主主義、売出し中

民主主義についての近代的概念は、投票による権力、多数派という法および「より数の多い方」という法に従って決断する能力である。しかし、ジャック・ランシエールの『何も知らない先生』の読者であれば慣れ親しんでいるであろう別の概念は、量的でも管理を主眼とするのでもない権力の概念を喚起する。むしろ潜在的能力が重要なのである。すなわち、公的な事柄に働きかける行動様式を発見するという、ありふれた人々が持つ能力である。ランシエールがジョゼフ・ジャコトと出会い、彼がこの出会いに常に立ち返ったことによって、実は「民主主義」の語の、より広く、より喚起する力のある本来の意味であったもの、すなわち物事をなす能力が、私たちの手の届くところに再び戻ってきた。民主主義は統治の一形態ではない。そして民主主義は数に関心を持たない――多数派の専制にも、少数派の扇動にも関心を持たない。

ジョサイア・オーバーが強調するように、古代ギリシアでは、政治権力を指す三大用語——君主制 *monarchia*、寡頭制 *oligarchia*、民主制 *demokratia* ——のうちで唯一民主制だけが数を無視する。君主制の「monos」はただひとりによって行使される権力に関わり、寡頭制の *hoi oligoi* は幾人かによって行使される権力を指す。ただ民主制だけが「何人か」という問いに応じない。[原注14] 民衆《デモス》の権力は人民《プープル》の権力でも、その多数派の権力ですらなく、むしろ誰でもよい誰か《ナンポルトキ》の権力なのである。誰でもよい誰かは、彼（女）自身が統治される権利と同じ程度の、統治する権利を持つ。

しかし、仮に「物事をなす能力」としての民主主義が、数の法から解放されるとしても、民主主義はふたつのブロック——一方には集団での決断に参加する能力があると規定される人々（「最も優れた者たち」）、他方にはその能力を持たないと頭ごなしに決められる人々——に分離された世界に直面する。民主主義は、この分裂を政治的な生活の組織化の基礎とみなすことをまさしく拒否する。それは——貴族の生まれ、軍事の力量、財産、人種、技術への精通、ある

原注13　Sheldon Wolin « Fugitive Democracy », in *Constellations* 1 (1994), pp. 11-25.

原注14　Jacques Rancière *Le Maître ignorant*, Paris, Fayard, 1987 を参照。また Josiah Ober, « The Original Meaning of "Democracy" : Capacity to do things. Not Majority Rule », *Constellations*, 15 : 1, 2008, pp. 1-9 を参照のこと。

いは指揮管理能力といった歴史上用いられた様々な基準に応じて――最も優れた者たちに分類されない人々に由来する、平等への訴えかけなのである。そして、イマニュエル・ウォーラーステインが注意を促すように、これらの基準は、「最も優れた者たち」の特質や生活様式に関する予断――たとえば「最も優れた者」が「文明化された」性格で見分けられると主張する予断――にいつも結びついていた。[原注15]

一八五二年にブランキが、「民主主義者」の語のゴムのような〔自在に変化する〕性質を批判したとき、この名称が根本的に変質し始めたことを彼はすでに認めており、その変質は第二帝政の間とそれ以降も続いた。それまでこの語は、一七八九年の革命の遺産を十分に保っていた。一八三〇年代と四〇年代、「民主主義者」はきわめて急進的な数多くの組織の旗印だった。しかし第二帝政下には、むしろ帝国主義的な体制がこの旗印を専有するのに成功し、ブルジョアの「秩序党」に、この体制が言うところの真の「民主主義」を対置した。[原注16] 皇帝は、人民投票あるいは「人民への呼びかけ」によって、主権を人民に取り戻したと主張していた。それだから、熱烈なボナパルティストであった内務大臣は、「民主主義の擁護者」であると自慢することができたのである。一八六九年には、フランスに現れたおびただしい「民主主義者」のうちに、「社会民主主義者」、「革命的民主主義者」、「ブルジョア民主主義者」、「帝国主義的民主主義者」、「進歩的民主主義者」、「権威主義的民主主義者」が存在していた。この一覧表は、ブランキが強調していたこと――民主主義の語がすべてに、何にでも当てはまるということ――を表すと同時に、一部の社会主義者がこの語の革命的な遺産を主張し、付加形容詞によって自らの立場を明確にしようとしていたことも、示している。ところで――今日と同様に当時も――この語はそれ自体では、いかなる情報も現実にはもたらさなかった。敵対者が自らの特徴を示すのに選んだ語の使用をためらった共和主義者や社会主義者は、ブランキだけではなかった。ブランキはマイヤールに次のように書き送った。

あなたは私に言う。「私はブルジョアでもプロレタリアでもない。私は民主主義者だ」と。定義なき語には用心したまえ。それは陰謀家の好む手口なのだ。〔……〕「プロレタリアでもブルジョアでもなく民主主義者だ！」というお見事な金言は彼らの捏造したものである。〔……〕この看板の下にならどんな思想でも住まうことができるだろう。誰も彼もが民主主義者であると主張するし、ことに特権階級はそうである。[訳注4]

原注15　Immanuel Wallerstein « Democracy, Capitalism and Transformation », conférence prononcée à la Documenta 11, Vienne, 16 mars 2001.
原注16　Jean Dubois, *Le Vocabulaire politique et social en France de 1869 à 1872*, Paris, Larousse, 1962.
訳注４　August Blanqui, *op. cit.*, p. 176.（前掲、一一一頁）。

「民主主義者」の語は、統治する能力のあるエリートとその能力がないと見なされる他の人々との間の分割と手を切ろうと望んでいた人々を指示するのに、もはや役立たなかった。この語はあまりに〔自在に変化する〕ゴムのようであるためにもはや機能を果たさず、隔たりではなく合意を生んでいた。通常なら伝統的なエリートに取っておかれる、行政的、制度的な役職の管理を短い間経験することになった一八七一年のパリ・コミューン参加者でさえも、自らを民主主義者とは呼んでいなかった。しかしながら、プロシア軍への降伏後のパリ・コミューンの宣言は確かに、近代の最も果敢な民主主義的の発議を表現している。その短い存続期間の中で、パリ・コミューンはあらゆる水準で、ヒエラルキー化された官僚主義的な旧来の構造を、民主主義的な形態と手続きに替えた。しかし、民主主義の当事者たちは自らを別の言葉——共和主義者、人民——で語っていた。それでも、彼らが「民主主義」の語を完全には捨て去らなかったというのは、示唆的である。本来の意味から外れ、敵の手に落ちてもなお、民主主義の語は依然として、一七八九年の遺産をいくぶんかとどめていた。

コミューンの瓦解直後、アルチュール・ランボーはその最後の散文詩のひとつに、「民主主義」——この「民主主義」という軍旗の下に、じっとしていることを知らない帝国主義的なブルジヨアジーが結集し、本国から「胡椒まみれで水浸しになった国々」にまで及ぶようになり、詩が告げるように、「破廉恥きわまりない売春」を続け、「理詰めの反抗」を踏みつぶす——という題をつける。[訳注5]

民主主義

旗は汚らしい風景をめざし、おれたちの田舎ことばが太鼓の音をかき消す。

都市という都市で、破廉恥きわまりない売春をはびこらせてやろう。理詰めの反抗などは踏みつぶしてやろう。

胡椒まみれで水浸しになった国々へ！——産業上の、あるいは軍事上の、極悪非道の開発に仕えるために。

別れをいおう、ここで、いやどこででも。この熱意のために駆り出された新兵であるおれたちは、情容赦のない哲学を身につけるだろう。科学にかけては無知蒙昧、安逸にかけては放埓三昧。こんな世界など吹っ飛んじまえ。これこそ、ほんものの前進だ。前へー、進め！

訳注5　ランボー『イリュミナシオン』所収の詩の訳は、宇佐美斉訳『ランボー全詩集』（ちくま文庫、一九九六年）に依拠している。

もし、一九世紀の中心的な比喩と文彩をもっともうまく結び合わせた詩人が、ランボーであってボードレールではないとしたらどうか。エドガー・アラン・ポーとジュール・ヴェルヌから借りたイメージ、政治的パンフレットから着想を得た予言、青少年向け小説と一般向け科学小説から借用した登場人物を用いて、ランボーは彼の時代の象徴と来るべき未来とを組み合わせる。その点で植民地部隊の兵士は、二〇世紀と二一世紀の未来にとって、ボードレールの屑拾いやベンヤミンの遊歩者と（それら以上ではないにしても）少なくとも同等の重大な姿勢、流れ、常套句、方向性を生み出す、中心的な人物像なのである。詩「民主主義」と詩集『イリュミナシオン』は全体的に見て、変化しつつある世界のはずれに位置している。それらは、植民地主義が世界を一体化させ始め、正真正銘のブルジョア体制が決定的に根を下ろした時代に位置する。[原注17] しかし、これらの詩が書かれる直前の出来事もまったく同じように示唆的である。すなわち、「文明化された」ヨーロッパの中心で遂行された階級の虐殺、一八七一年五月のパリ・コミューン参加者数万人の虐殺である。自らの階級の敵をひとりひとりあるいはまとめて物理的に絶滅させるために、政治的、社会的秩序を変えようとこの束の間の経験に参加していた人々全員を殺すために、ブルジョア共和主義政府が費やした努力には、並々ならぬものがある。

銃殺はリュクサンブールだけではなかった。通りの角、家のわきの路地で、市門を背に銃殺していた。壁をみつければどこでも犠牲者たちを追い立てていた。セーヌの河岸が残酷な虐殺の証言者だった。ポン・ヌフの下では八日以上も銃殺を続けた。紳士たちはヴェルサイユに赴いて捕虜が到着するのを待っていたが、午後には捕虜が殺されるのを見に行った。優雅な男女たちはショーを見に行くように、この殺戮劇に押しかけていた。パンテオン——司令部——周辺のセーヌ左岸の外れでは、六つの軍事法廷が機能していた。最大の殺戮はリュクサンブールだった。しかし、同様に造幣局、天文台、法学校、理工科学校、〔……〕パンテオンでも殺戮していた。〔……〕コレージュ・ド・フランスでは、正門の左側の部屋に陣取った裁判官が宣告する有罪判決に基づいて、銃殺が行われていた。モベールの市場でも銃殺が行われた。

このたったひとつの界隈に、六つの軍事法廷である。それぞれの軍事法廷で、無数の死者が出た。リュクサンブールだけで一〇〇〇人を超えた。進軍する先々で、ヴェルサイユ正規軍はところどころでこの恐るべき軍事裁判官を任命したが、そのただひとつの仕事は殺戮で

原注17　Kristin Ross, *The Emergence of Social Space : Rimbaud and the Paris Commune* (Minnesota, 1988) を参照。同書の仏語訳は *Rimbaud et la Commune* という題名で、二〇〇九年にテクスチュエル社から出版予定〔二〇一〇年一二月現在、出版を確認できず〕。同様に以下も参照。Fredric Jameson, « Rimbaud and the Spatial Text », in Wong et Abbas (dirs.), *Re-writing Literary History* (Hong Kong, 1984).

あった。判決など問題ではなかった。

主要な虐殺の場——リュクサンブール、陸軍士官学校、ロボーとマザの兵舎、モンソー公園、ロケット、ペール・ラシェーズ墓地、ビュット・ショーモン、そしてその他の場所——の周辺では、見せしめにすることも手柄とすることもないままひそかに、数え切れないほどの殺戮が行われていた。[原注18]

「血の一週間」の目撃証言を長々と引用したのは、ブルジョア共和主義政府があからさまに見せていたはかり知れない憎悪、ルチアーノ・カンフォラが「多数派の凶暴な敵意」[原注19]と呼ぶところのものを強調する必要があるからである。というのも、彼が想起させるように、この大虐殺は民主主義の敗北であり、それが第三共和政を生んだからである。この年の一一月、ランボーとその友人ドラエーはパリの街路を散歩しながら、家の壁、パンテオンの壁に銃弾の跡を見つける。ランボーが友人に注意を促したように、大虐殺の後数カ月、さらに数年の間さえも、政治的な雰囲気は「無、混沌、[……]可能な限りありうるすべての反動」[原注20]によって鉛をつけられたように重苦しいものとなっていた。

『イリュミナシオン』は、一九世紀末の帝国主義の拡大と、外国へと遠征する植民地主義を生み出すために必要だった精神構造の構築とを前にしている。ランボーはその最も未来派的ないくつかの詩の中で、この動きが、生気のない同質的な世界、「蒼ざめた平ったい小世界」——「郵便馬車が私たちを降ろすあらゆる地点で、相も変らぬブルジョワの魔術」が見出されるだろう——において最高潮に達するのを目撃する。他の詩では——私はここでは「首都の景観」、「野蛮人」、「歴史的な夕暮」を念頭に置いている——彼はブルジョアの想像様式を生き生きと描写し、それ自体の死という黙示録的な光景に心を奪われている。この第二群の詩でランボーは、消え去った帝国の運命についての、今や無効となった未来を語る。すなわち、地質学的大変動の中、雪と氷の突発の中で、幻想の水晶の都市群が世界の終わりの予示と隣り合わせになるという、パノラマのような光景である（「雨氷まじりの疾風《はやて》に煽られて降り注ぐ、燠火——甘美さよ！——私たちのために永遠に炭化された大地の心臓《こころ》が吹きつける、ダイヤモンドの風に運ばれる雨を受けて燃えさかる炎。——おお　世界よ！」）。すなわち、蛮族のそばに交差した橋と大通りがあり、極地的にして獰猛な、混沌としていながら超自然的な静寂を湛えた、終わりのない世界規模の動乱である。

原注18　Maxime Vuillaume, *Mes cahiers rouges au temps de la Commune*, Actes Sud, 1998, pp. 68-69.

原注19　Luciano Canfora, *Democracy in Europe*, Blackwell, 2006, p. 120.

原注20　エルネスト・ドラエーの引用によるランボーの言葉。Rolland de Renéville et Jules Mouquet (dirs.), Arthur Rimbaud, *Œuvres complètes*, Paris, Gallimard, 1965, p. 745.

コミューンの瓦解の後に、いかにして未来を想像するのか。民主主義のこの例外的な実践の噴出、進展、解消を体験した後、彼が「いかがわしい社会」と呼ぶ植民地主義の跳躍を支えるフランスの中産階級——そして以後数十年間その跳躍がこの階級を主役の座に押し上げていった——に今や直面したランボーは、未来派的で幻想的な一連の散文詩の中で、この階級の勝利と死——地球の漸進的画一化を通じたこの階級の勝利と爆発した大地のうえでのその死——を同時に予示することを選ぶ。

したがって詩「民主主義」は、「民主主義」の語が国民的な階級闘争における人民の要求を表現するために用いられるのをやめて、西洋とそれ以外の世界、文明人と非文明人が対立する際に「文明国」の植民地政策を正当化するようになるという、まさにその時期を示している。ランボーはこの物語を『地獄の季節』の第一節「悪い血」でたどり直し、『イリュミナシオン』所収の詩「運動」の中で、文明化の宣教師の肖像を完成させる。

それは、個人の科学的な富を捜し求める
世界の征服者たちだ。
スポーツと快適さが彼らの旅の供だ。
諸民族の、諸階級の、そしてさまざまな動物たちの教育も、この船に乗せて連れてゆかれる。
大洪水のような光に包まれた日の、
研究に耽る恐るべき夜の、
休息と眩暈《めまい》だ。

民主主義はその調子を決定的に変えた。世紀初頭には民主主義を恐れていた諸集団が、今や少しずつそれに賛同してゆくのにつれて、民主主義は希釈されて曖昧になったばかりか、異質な内容をも担わされるようになった。ランボーの詩にあるように、民主主義は文明の旗、スローガン、証となり、そしてまた文明化した西洋、文明化を推し進める西洋にとって不可欠の精神的補完物、〔恥部を覆い隠す〕理想的なぶどうの葉となる。代表制民主主義の名のもとに国家は階級の大虐殺の時代を開始するが、その口火はヨーロッパではパリ・コミューンで切られ、それ以外の場、植民地でも暴力を用いて続く。その暴力の反響を、二〇〇八年の国民投票の際にアイルランド人を脅迫するという傲慢さのうちに、見出すことができる。西洋は民主主義的であるがゆえに、世界の道徳的な指導者となることができる。というのも、西洋の覇権は世界全体の進歩の基礎そのものであるからだ、と。これら「世界の征服者たち」から、「世界を民主主義にふさわしく安全にする」ことを支持するウッドロウ・ウィルソンの演説に至るまで、あるいはハリー・トルーマンによって、経済発展の言語と計画へと再コード化された「民主主義」[訳注6]に至るまで、道はまっすぐに通じている。[原注21]

ランボーの世界史の予示について話を終えるにあたって、「民主主義」や「運動」と同じ系統の詩であり、私たちが今日生きている歴史的な時期について教えてくれる一篇の詩を検討しよう。すなわち、広告の長い客寄せ文句のような構成で書かれた「売り出し」のことである。この詩は、近代的でもあり魔術的でもある商品の陳列を背景としており、革命を訴える声と商売のスローガンを混ぜ合わせ、消費される財とサービスに対する全面的な攻撃を仕かけようとする。「売り物だ。ありとあらゆる人種、世界、性、血統を超越した、値のつけようもない身体！」。「民主主義」と同様に「売り出し」は、日常生活への商品関係の浸透に直面して、意識が変質するということ——それが遠い植民地においてであれ、ヨーロッパの本国の中心においてであれ——を示す。（この頃に書かれた「パリ」という名の一篇のソネットは、その全体がパリの商店の店頭で見つけた広告で作られている）。これらの詩——あわせて読むと、それらは私の題名「民主主義、売出し中」に通じるものとなる——の予言的で、きわめて今日的な部分は、ランボーの時代に表面化し始めた（転倒した形態における）民主主義と消費との間の等式を二〇世紀が固定化した仕方と結びつく。すなわち、購買の権利としての民主主義である。今日の西洋の自由民主主義は、それが完璧に脱政治化され、時代を超越したと見せかける一種の枠組み、環境、生活様式として生きられているだけに、なおさら満足感のうちに快適に安住する。ランボーの「売り出し」が告げるのはまさしくこのことである。商品、身体、立候補者、生活様式、そしてありうる限りの未来の自由な交換である。「売り物だ。居住と移住、スポーツ、夢幻、完璧な設備、騒音と運動、そしてそれらが作り出す未来！」。

今日、地球上のほとんどすべての指導者が、民主主義を引き合いに出す（そしてそれ以外の指導者も、遅かれ早かれ、民主主義に賛同することを強いられるだろう）。ランボーの時代と現代とを隔てるのは、いわゆる冷戦とその終わりである。「民主主義」の拡大に関しては、「共産主義」と釣り合いを取る勢力として「民主主義」を提示しつつ、西側諸国が推し進めるのに成功したけた外れの優位を、過大評価することはできないだろう。そうすることで、西側諸国はこの語を完全に掌握し、この語がかつて引き受けていた解放の価値のあらゆる痕跡を消し去った。民主主義は、ほんのわずかばかりの個人に統治すること――そしていわば人民なしで統治すること――を許すシステムを正統化する、ひとつの階級イデオロギーとなった。そのシステ

訳注6　「経済発展の言語と計画へと再コード化された民主主義」は、具体的にはマーシャル・プランを指す。マーシャル・プランは第二次世界大戦後、ヨーロッパへの共産主義の浸透を恐れたアメリカが行った欧州復興計画のことであり、その名称は国務長官ジョージ・マーシャルの名に由来する。

原注21　Harry Truman, 20 janvier 1949：「私たちの先進的な科学と産業の進歩という利点を、発展途上地域の改良と発展のために生かすべく、大胆な新しいプログラムを開始しなければならない」。

ムは、それ自体の作動様式を無限に反復する以外のあらゆる可能性を排除するように見える。制御されず、規制緩和された市場経済、共産主義への粗暴で仮借ない反対、無数の主権国家の領土や内政への軍事的介入あるいはその他の権利を押しつけるのに成功したこと、とりわけこういったことすべてを「民主主義」と形容するのに成功したことは、たいしたものである。市場が民主主義の明白な前提条件であり、民主主義は断固として市場を要求するという考えを押しつけることが、大勝利につながる。フランソワ・フュレの異論なく反民主主義的な庇護のもとでフランス革命の価値を下げようとする根気強い企てが始まり、フランス革命は尊敬すべきアメリカ革命に比してけなされるようになり、ついにはスターリン主義およびポル・ポトの犯罪と並んで被告席に座ることになるという、六八年以降の振り子の揺り戻しが、少なくともフランスでは、この勝利に非常に有利に作用した。「現実の社会主義」の終わりとともに、断絶や衝突の時期は決定的に過ぎ去ったとされ、社会は今や「民主主義的な」熟慮、対話、議論の場、社会関係の絶えざる調整の場になった。ランボーの時期に「民主主義の帝国」の時代が始まったのである。すなわち、諸民族あるいは出現しつつある諸々の政治体に、あらかじめ定められた未来を確実なものにしようとする、当然かつ不可避の計画のことである。しかし「売り出し」の中で見たように、それと同時に「民主主義」は国内の戦線でも稼働しているのであり、そこでは社会の調整の主要なシステムは経済であり、それは人間の権力を上回る強力な歴史的力とされる。そしてこのシステムにおいては、無言の合意によって、経済が生み出す均衡が、ありうるなかで最善の世界を定義する、と私たちに伝えられるのである。

政治の言語の絶え間ない汚染が問題なのではないか。そうなると、私は自分が民主主義者であると言えるだろうか。

たしかに、特定の政党や国家に関して、民主主義の「欠如」や不十分な民主主義を、改良主義的な仕方で批判するだけでは十分でない。それでは結局、たとえばジンバブエでのロバート・ムガベによる選挙手続きの破廉恥な独占支配を批判することに甘んじ、民主主義的な儀礼を尊重する経済的な力の悪行――例えば、国際通貨基金による収奪――の前では無力なままにとどまるシステムのうちに閉じこもることになるだろう。選挙の過程や多数派の意志と結びつくものとしての民主主義という考え方は、実際にはきわめて最近のものである。自由選挙、自由な政党、自由な報道、そしてもちろん、自由交易によってつくられるとみなされた「代表制民主主義」と呼ばれるものは、実は寡頭制の一形態である。すなわち、少数派が代理人の役を務めて日常業務を管理するという、代表の一形態である。現在の「先進産業民主主義諸国」はすべて、現実には寡頭制民主主義諸国である。そうした諸国は、躍動的な寡頭制の勝利であり、すなわち莫大な富と貨幣崇拝を中心に据えながらも、選択肢を限定して実際には上層階級の支配力を守る選挙のおかげで合意と正統性を構築する能力のある、グローバル統治の勝利を体現

している。原注22

私が思うに、実際にこのような状況であることを、現実には民主主義は存在しないかあるいはその反対物があるだけであるということを、私たちは認めなければならないが、それと同時に、民主主義の語が持つ本来の広義の意味を守り続けるのがどれほど必要であるかということも、認識しなければならない。統治形態としての民主主義という考え方に固執している限り、私たちには、民主主義の語を横領した敵にその語をゆずる以外に、選択肢はない。しかし、民主主義は統治の形態ではまさしくないがゆえに、民主主義は政体の形態でも制度の形態でもないがゆえに、公的な事柄を引き受ける誰でもよい誰か《ナンポルトキ》の権力として理解された民主主義は、政治それ自体が持つ特質を指し示す別の仕方になる。この民主主義は実在しているかもしれないし、まったく実在していないかもしれないが、それは非常に様々な現れ《マニフェスタシオン》のうちに再出現しうるのである。それは形態というよりも、契機であり、せいぜいのところ企図である。公的生の絶えざる私物化に抗する闘争の名として、民主主義は、ランボーのスローガンの中の愛と同じように、再発明されていかなければならない。

（イザベル・トーディエール Isabelle Taudière による英語原文からの仏訳）

原注22　Canfora, *op. cit.*, pp. 214-252 を参照。

民主主義から神的暴力へ

スラヴォイ・ジジェク

1

ポストイデオロギー的であることを謳う現代、イデオロギーはかつてないほどに戦場となっており、過去の伝統の我有化を巡って争いの一つが繰り広げられている。自由主義によるマーティン・ルーサー・キングの我有化——それ自体が範例的なイデオロギー操作である——は、我々のものである微妙な状況の最も明らかな指標の一つを提供する。最近、バッファロー大学都市研究センター所長ヘンリー・ルイス・テイラーは次のように指摘した。「誰もが、ほんの小さな子供ですら、マーティン・ルーサー・キングの話を聞いたことがあり、彼の最も有名な瞬間が「私には夢がある《アイ・ハヴ・ア・ドリーム》」という演説だったと言える。でも、誰にもこの最初の文句の先は続けられない。知られている全てのことは、この人物には夢があったということなのだ[原注1]」。

しかしながら、「国民の道徳的指導者」M・L・キングが群衆の喝采を浴びた一九六三年のワシントン大行進から時は過ぎた。人種隔離というテーマを超出することで、彼は公衆の支持の多くを失い、次第にパーリアと考えられるようになった。暗殺された時期には、貧困と戦争〔というテーマ〕、平等が何か現実的なものになるためにはそれに取り組むことが肝要であると彼の目に映ったテーマに興味を抱いていた。人種的友愛だけでなく、事実における平等が問題だったのである。バディウの言葉を用いて言えば、キングは「平等の公理」から出発した。彼はヴェトナムでの戦争に反対の立場を取り、一九六八年四月に暗殺された際には、衛生部門の労働者のストライキを支援するためにメンフィスにいた。キングに従うことは、それゆえ、人気のない道を辿ることであった。

それでは、イデオロギーの深淵に潜り込み、民主主義の問題に正面から取り組むことにしよう。民主主義の土台を掘り崩すと断罪される時には、『共産党宣言』をパラフレーズしつつ応答する必要があるだろう。共産主義者に向けられた非難――彼らは、家族、財産、自由等々を壊乱すると断罪される――に対して、マルクスとエンゲルスは、支配的な秩序によってそれらが既に侵食されていると応答した。（市場の）自由が自らの労働力を売る者にとっては自由の剥奪

原注1　Deepti Hajela, « Historians fear MLK's Legacy Being Lost », *USA Today*, 21 janvier 2008.

となり、家族がそれを合法的売春にするブルジョワジーによって侵食されているのと同様に、議会形式は、それが伴う人民の受動性によって、また非常事態の偏頗な論理により行政府に委譲される特権の増大によって、民主主義を侵食するのである。

二〇〇七年秋、チェコ共和国では、公衆の論争が繰り広げられた。国土へのアメリカ軍のレーダーの配備に大多数(約七〇パーセント)が反対したにもかかわらず、チェコ政府はプロジェクトを続行した。政府の代表者は国民投票への訴えを斥け、国家安全保障ほど繊細な問いについては投票に頼ることはできず、そうした問いは軍事専門家に委ねられねばならないと言明した(興味深いことだが、この選択を説明するのに援用されたのは純粋に政治的な理由である。その歴史の中で三回——一九一八年、一九四五年、一九八九年——合衆国はチェコが自らの自由を獲得するのを手助けした。チェコが合衆国の恩に報いる時機が来たのである)。この論理を突き詰めれば、終には何に関して投票する必要があるのかと自問することへと導かれる。経済的決定は経済の専門家に任されるべきではないのか、云々。

我々はこうして、近代社会における権力と知の間の混乱した関係という重要なテーマへと向かうことになる。知/権力のカップルを取り扱う際のジャック・ラカンの独創性はあまり指摘されてこなかった。それらの接続という動機《モティーフ》に基づく変奏《ヴァリアシオン》を倦むことなく生産したフーコー(知は中立的ではない、知はそれ自体において権力と管理統制の装置である)とは異なって、ラカンは知と権力の間の離接を強調する。我々の時代には、知は権力の効果と比べて不釣り合いな仕方で成長したというのである。このテーゼは種々異なる仕方で読める。それはまず、見誤られてはいるが明白な事実を主張している――我々は次第に速く、次第に多くの知を得て、知をどうすればよいのかを知らない。生態学的危機の見通しはこの点で模範的である。そして、我々を行動不可能にするものが、それについて十分に知らない（例えば、地球温暖化に責任があるのは本当に人間の産業なのか、等々）ということではなく、反対に、それについて知りすぎている――この大量の組織されていない知をどうすればよいのかを、またそれをいかにして主人のシニフィアンに従属させるのかを知らずに――という事実であるとすれば、どうだろう。これは我々を〔ラカンが定式化した〕Ｓ１とＳ２の間の緊張という〔このテーマについて考えるにあたって〕より的確な次元へと導く――知の連鎖はもはや、主人のシニフィアンによって全体化され／綴じられはしないのか。科学的知の指数的で統制不可能な増大は無頭《アセファル》の欲動に属する。知の欲動は、主人の支配のではなく知そのものの行使に固有の権力の鎖を解く。〈教会〉はこの欠如を感取し、科学的知の爆発によって我々は埋没させられないだろうということ、この爆発が「人間的」限界のうちに封じ込められるだろうということを保証する主人として自らを差し出したのである。もちろん、これは虚しい希望である。

　近代を「大学の言説」の上昇と見る理由をラカンがどれほど多く持っていたのかは、「人民に奉仕する」という表現を考察する時、明らかになることである。もちろん、「人民に奉仕する」とはまず、長を正統化するものである。王自身が自らの機能を——フリードリヒ二世の定式化を再び取り上げれば——「人民の第一の奉仕者」のそれとして再発明することを余儀なくされる。決定的であるのは、誰も奉仕されることに自足せず、皆が奉仕するということである。普通の人々が国家あるいは人民に奉仕し、国家それ自体は人民に奉仕する。この論理はスターリニズムとともにその絶頂にまで至らしめられる——そこでは、全民衆が奉仕するのである。普通の労働者が共同体のために自らの幸福を犠牲にせねばならない。長に関して言えば、（その「真理」がS1、主人のシニフィアンであるとしても）人民に奉仕するべく昼夜を問わず労働する。奉仕することを本分とする審級、人民は、積極的な実体的存在を持たない。人民とは、存在するあらゆる個人がそれに奉仕するためにいる、深奥のモロクの名である。当然のことだが、このパラドクスの代価として、自己参照的パラドクスが相次いで生じる。諸個人の総体としての人民が人民としてのそれ自体に奉仕し、長は人民として自らの普遍的利益を直接具現する、等々。「私はお前が奉仕する者である！」と主張するだけで、無邪気に主人のポジションを襲うつもりであり、この主人のポジションを長‐奉仕者の知のうちに疎外したりはしない個人、そのような個人を見出せれば、爽快なことであろう。

2

中国の事例はこの民主主義の袋小路の範例である。今日の中国における資本主義の爆発の前で、分析家はしばしば、民主主義、資本主義のこの「自然な」政治的補佐役が突如姿を現わすだろう時機に関して問いを立てている。だが、注意深い分析によって、この希望は一掃されよう。現代中国において進んでいることを資本主義の東洋‐専制的歪曲として感取する代わりに、むしろそこにヨーロッパそのものにおける資本主義の発展の反復を見る必要がある。近代初め、大部分のヨーロッパ国家は民主主義的であるどころではなかった——民主主義的であったとすれば（例えばオランダにおけるように）、自由主義的エリートにとってだけであり、労働者にとってではなかった。資本主義の条件は、今日中国で進んでいることに非常に近い野蛮な独裁によって、普通の人々の暴力的収奪を合法化し、彼らをプロレタリア化し、規律により彼らをその新たな役割に従わせる国家によって、創造され維持されてきた。資本主義的関係の「自然な」帰結を構成するどころか、今日自由民主主義および自由と同一視される全ての特徴（労働組合、普通選挙、公的で無償の教育、出版の自由、等々）は一九世紀に下層階級の長く厳しい戦いのお陰で勝ち取られた。『共産党宣言』を締め括る要求事項のリストを想起しよう。生産手段の私的所有の廃止を除いて、そうした要求事項は今日広く「ブルジョワ的」民主主義において承認されている。それは人民の闘争の結果である。

さらに、この広く知られていない事実を想起されたい。マーティン・ルーサー・キング暗殺の四〇年後、白人と黒人の間の平等はアメリカの夢の不可欠の一部、倫理‐政治的明証として言祝がれている。一九二〇年代および三〇年代、共産主義者が人種間の完全な平等を奨励する唯一の勢力であったということを誰が覚えているだろうか。資本主義と民主主義の間の自然な関わりについて論じる者は、カトリック教会――一九世紀末、新時代に対して為された譲歩として、君主制への選好を表明しつつ、無念さを押し殺しながら漸く民主主義を受け入れたということを忘れて、自らを全体主義の脅威に抗する民主主義および人権の「自然な」支柱として提示する際の――と同じ仕方で、いんちきをしているのである。カトリック教会、それは自由と人間の尊厳の砦なのか。単純な思考実験を行おう。一九六〇年代初めまで、教会は、哀れにも有名な禁書目録、カトリック教徒（普通のカトリック教徒のことと理解されたい）には依然としてそれを読むことが禁じられていた著作のリストを堅持してきた。あれこれの時機にこの禁書目録に登場した全ての著作を取り除いてしまえば近代ヨーロッパの芸術および知識の歴史がどのようなものになるのかを想像すれば十分である。近代文学の古典の大多数に関しては何も言わないとしても、デカルト、スピノザ、ライプニッツ、ヒューム、カント、ヘーゲル、マルクス、ニーチェ、カフカ、サルトルを欠いた近代ヨーロッパとは何であろう。

それゆえ、今日の中国に観察されるものには何ら異国的なものはなく、それは忘れられた我々自身の過去を反復しているだけである。中国の発展がどの点まで加速させられ、政治的民主主義と結合されるのかに思いを馳せる自由主義的な西洋の批評家をどのように考えるのか。二、三年前、TV放映された対談で、ラルフ・ダーレンドルフ[原注2]は、あらゆる革命的変化の後、新たな繁栄の道は「涙の谷間」を通ると言って、民主主義に対する不信の発展を説明した。例えば、社会主義の崩壊の後、成功した市場経済の結果として生じる豊かな社会に一気に移ることは不可能であった。まず、社会主義制度が保証していた、なるほど限られてはいるが確かに現実的である安全および社会的幸福の断念を伴う、必ずや苦しい第一段階を通過することが必要であった。福祉国家から新たな世界経済への転換が辛い断念――より少ない安全、より少ない社会的な保証――を課す西ヨーロッパにも同じことが妥当する。ダーレンドルフにとって、問題全体は、「涙の谷間」の通過期間が二つの〔民主主義的〕選挙を分離している中間の時期〔非選挙期〕よりも長いという単純な事実に存する。その時、短期的な選挙での勝利のために、多くの犠牲を要求する変化を延期する誘惑は大きいのである。新たな民主主義的秩序の経済的結果に関するポスト共産主義国国民の広い層の失望はここで模範としての機能を果たす。一九八九年の輝ける日々、彼らは民主主義が自らに西洋の消費社会の豊かさを運んでくると信じて

原注2　ドイツ出身のイギリスの社会学者〔仏訳者による注〕。

いた。豊かさは二〇年近く後にも相変わらず不足しており、彼らは民主主義それ自体をそのことで責め立てる……。ダーレンドルフがこれと逆の誘惑——多数派が経済において必要な構造変革に抵抗するのであれば、そこから論理的に、現実に安定した民主主義の基礎付けに必要な措置を適用するために、民主主義的ではない手段を通じてであれ、一〇年程度の間開明されたエリートが権力を掌握することが必要であるだろうと結論することはできないのか——にはさほど興味を抱いていないようなのは残念なことである。こうした精神において、ファリード・ザカリア[訳注1]は、民主主義は経済的に発展した国にしか本当に「根付く」ことはできないと指摘する。発展途上国が「時期尚早にも民主化された」時には、その結果として、経済的災厄および政治的専制に通じるポピュリズムが生じる。経済的視点から見れば今日最も進んでいる第三世界の国（台湾、韓国、チリ）が権威主義時代の後に漸く十全な民主主義を採用したことには、何ら驚くべきものはない。

資本主義への中国の道に賛成する——ロシアの道に反対して——よりよい論拠があるだろうか。共産主義の崩壊の後、ロシアは「ショック療法」を採用し、民主主義および急速に進む資本主義への道に直接身を投じた。その結果は経済破綻であった[原注3]。反対に、中国人は、資本主義への移行の社会的費用を管理するために権威主義的な国家権力を躊躇なしに利用し、そのようにして混沌を避けて、チリと韓国の後を追った。要するに、不条理な変則であるどころか、資本主義と共産主義体制の奇妙な結合は（辛うじて）偽装されている結婚であることが判明した。中国のかくも急速な発展は、共産主義的な権威主義的体制にもかかわらず為されたのではなく、確かにそれのお陰で為されたのである。スターリン主義に共鳴しているとの疑念に結論を下すために、自問することができる。中国における民主主義の欠如を懸念する者は、西洋の優位を脅かしつつこの国を近い将来の世界的超大国にする急速な発展を確認することをいっそう懸念しているのではないのか、と。

ここには別のパラドクスも等しく働いている。安易な嘲笑と皮相な類比の彼岸では、国家構造の骨化と闘おうと努める毛沢東主義的な永続的自己革命と資本主義に固有の力学の間に深い構造的相同性が存在する。ここで、ベルトルト・ブレヒトの言葉「新銀行の創設と比べれば、銀行強盗など何であろうか」をパラフレーズしたい誘惑に駆られる。資本主義的再生産によっ

訳注1　Fareed Zakaria（1964-）インド出身のアメリカの論客。ニューズウィーク紙のコラムニスト。ワシントン・ポスト紙などにも寄稿。著書に『アメリカ後の世界』（楡井浩一訳、徳間書店、二〇〇八年）など。

原注3　ここで適度にパラノイア的な態度を示すことには立派な理由がある。この道を提案した、西洋におけるエリツィンの経済顧問はそう見えたほどに無垢であったのか、それとも、ロシアを経済的に弱体化させることに精を出すことによってアメリカの利益に奉仕したのか。

て必然化される真の文化大革命、つまり全ての生活形式の永続的解体と比べれば、文化大革命における紅衛兵の荒れ狂う破壊的暴力など何であろうか。大躍進の悲劇は、資本主義的近代化における飛躍とともに、今日笑劇の形式の下で反復されており、「村落毎に製錬所を」という古いスローガンが「街路毎に摩天楼を」という形式の下で再出現している。

それゆえ、中国資本主義の爆発は、疑似レーニン主義の流儀で、延長されたNEP(一九二一年から一九二八年頃まで内戦後の荒廃したソヴィエト連邦によって採用された新たな政治経済政策)の特別種として、政治的統制力を断固行使し、階級敵に対して為された譲歩を無化するためにあらゆる時機に干渉する可能性を確保する共産党として、擁護可能なのではないだろうか。この論理をその極にまで至らしめよう。資本主義的民主主義では人民の民主主義的－平等主義的主権と経済領域の階級分割の間に緊張が存在する以上、また他方で国家が例えば収奪について大権を確保する以上、資本主義それ自体は、直進すれば封建的あるいは奴隷制的な支配関係から共産主義的な平等主義的正義へと導くだろう道の上での、NEP型式の一種の大いなる迂回ではないのか。

権威主義的な涙の谷間に続くはずの、約束された民主主義の第二段階が決して到来してはならないとすればどうだろう。おそらく、現在の中国に関してかくも厄介なものとは、その権威主義的資本主義が、我々の過去の単純な想起、ヨーロッパで一六世紀から一八世紀まで存続した資本主義的蓄積過程の単純な反復ではありえず、未来の兆候であるのではないかという疑念である。「アジア的鞭打ちと西洋の株式市場の勝ち誇った結合」が我々の自由主義的資本主義よりも経済的に有効であることが露呈すれば、どうなるだろう。我々が理解するような民主主義が、経済発展の条件でも動機でもなく、それにとっての障碍であると思われれば、どうなるだろう。

3

民主主義のこの限界はどのようにして明瞭になるのか。最大の国際的圧力を受けた政治的な解放運動の名――ラヴァラス――のアイロニーを指摘しないではいられない。ラヴァラスはクレオール語で「氾濫」を意味する。それは、正門の背後に閉じ籠もった共同体を水没させる、住む場所を奪われた人々の流れである。アリスティード〔政権〕の転覆に関するピーター・ホルワード[訳注2]の書物の表題は、[原注4]二〇〇一年九月一一日以来方々に堰と壁を出現させている世界的傾

訳注2　Peter Hallward　カナダの政治哲学者。バディウ、ドゥルーズなどの研究で知られる。著書に『ドゥルーズと創造の哲学』（松本潤一郎訳、青土社、二〇一〇年）など。

原注4　*Damming the Flood, Haiti, Aristide, and the Politics of Containment*, Londres, Verso, 2008. この表題は『氾濫を堰き止める――ハイチ、アリスティード、封じ込めの政治』と訳せるであろう（仏訳者による注）。そうでないという標示がない限り、以下に続く引用はこの著作からの抜粋である。

向のうちに非常に正確にハイチの出来事を書き込みつつ、我々を「世界化＝グローバリゼーション」の真理、すなわちそれを維持する内的分割線に直面させる。

一八〇四年に独立の開始とともに完了した奴隷制に反対する闘争（最高度に革命的な）以来、ハイチは常に例外であった。「人間の自由の宣言が普遍的一貫性を見出し、それが当節の社会秩序と経済の論理に直接対立する中でどのような代価を払ってでも堅持されたのは、ハイチにおいてでしかない」。「近代史全体の中に、世界の中で支配的な事物の秩序にとってその含意がより威嚇的であった出来事は一つとしてない」のは、この理由のためである。ハイチ革命はフランス革命の反復という称号に真に値する。トゥーサン・ルーヴェルチュール[訳注3]に導かれたハイチ革命は、明らかに「時代に先んじており」、「時期尚早で」、挫折を宣告されているが、しかしながら、それが出来事であった——おそらくはフランス革命よりもなお——のは、まさにそのようなものとしてである。植民地支配を受けた者が、植民地化より前の自らの「ルーツ」へと立ち戻るという目的とともにではなく、自由と平等という非常に近代的な原則の名において反乱を起こしたのは、初めてのことであった。そして、ジャコバン派の真摯さの証左は、彼らが奴隷の蜂起を直ちに承認したということである。ハイチの黒人代表団は国民公会に熱狂をもって迎えられた。（予想しておく必要があったように、事態はテルミドール反動の後に変化し、ナポレオンは間もなくハイチを再占領するために軍隊を派遣した）。

そういうわけで、「独立したハイチの単なる存在」が脅威であった。タレイラン[訳注4]は既に、そこに「全ての白人国家にとって恐るべき光景」を見ていた。それゆえ、他国に同じ道を選ぶことを思い止まらせるために、ハイチが経済的挫折の範例となることが必要であった。それゆえ、この「時期尚早の」独立の代価――文字通りの意味での――は途方もないものであった。旧宗主国フランスは、二〇年の経済封鎖の果てに、一八二五年に漸く通商上および外交上の関係を確立した。ハイチは、奴隷の損失に対する「補償」として、一億五〇〇〇万フランという金額を支払うことを受け入れなければならなかった。この時期のフランスの年間予算にほぼ等しいこの金額は後になって九〇〇〇万フランに減らされたが、これは経済成長を妨げる重荷を表わし続けた。一九世紀の終わりに、ハイチのフランスへの払い込みは国家予算の約八〇パーセントを表わしていた。一九四七年に最後の手形が支払われた。二〇〇四年、独立二〇〇年を言祝ぎつつ、ラヴァラスの大統領ジャン＝ベルトラン・アリスティードは、そのようにして強奪さ

訳注3　Toussaint Louverture（-1803）ハイチ独立運動の指導者。フランス革命戦争に関与、卓越した軍事的能力を発揮し、サン＝ドマング（後のハイチ）の独立を準備した。サン＝ドマング全土を掌握、奴隷解放を実施したが、後にナポレオンの派遣した軍隊に捕えられてフランスに送られ、そこで死んだ。

訳注4　Charles-Maurice de Talleyrand-Périgord（1754-1838）。フランス革命期からウィーン会議の時代まで活躍。ナポレオン帝政期、王政復古の時代に外相や首相を務める。ウィーン会議では正統主義を唱え、フランスの国益を維持することに成功した。

れた金額を返還するようにフランスに要求した。この請求はフランスの委員会（レジス・ドゥブレ[訳注5]はその一員であった）によって一蹴された。アメリカの自由主義者＝リベラル[原注5]が奴隷制度の時代についてアメリカ黒人に補償金を払い込む可能性を検討しているというのに、ハイチによって為された、自らの自由の承認と引き換えに旧奴隷によって支払われた法外な金額の返還の請求は左派の意見によって無視されたのである。しかしながら、旧奴隷は、搾取されてきた後、彼らが懸命に手に入れた自由が承認されるために支払わなければならなかったのだから、強奪は二重のものであった。

今日、その歴史は続行されている。我々の間の大部分の者にとって幼年時代の幸福な記憶であるもの——砂と水を混ぜてケーキを作ること——はシテ・ソレイユのようなハイチのスラムにおける絶望的な現実である。アソシエイティッド・プレスの最近の報道によれば、食料品価格の高騰は空腹による痙攣に対するハイチの伝統的な治療薬——乾いた黄土から拵えられるケーキ——に再び出番を与えた。長い間妊婦と子供によりその抗酸化作用のために、またカルシウム源としても愛用されてきたが、一〇〇個のケーキを作るのに十分な量を得るために今日五ドルしか費用が掛からないので、それは本当の食物よりも著しく安価な原料である。商人は国の中央の高原で集めた土をトラックで市場まで運び、女がそれを買い、ガレットを作って、焼けるような太陽の下で天日干しにする。準備が整えば、ガレットは桶で運ばれ、市場あるいは街頭で売られる。

アリスティード〔政権〕の転覆におけるフランス－アメリカの協力が、イラク侵略に関するこれら二国の間の公の不和から程なく成立し、臨時的な反目を超えたそれらの原理的な同盟の再主張として折よく言祝がれたことに注意するのは興味深い。トニ・ネグリにとっての英雄であるルラ〔大統領〕のブラジルでさえ、二〇〇四年におけるアリスティード〔政権〕の転覆に同調した。ラヴァラスの政府が人権を侵す泥棒の体制であるかのように思わせて――アリスティード大統領の方は権力に酔った原理主義的独裁者として提示される――その信用を失わせるために、自然に反する同盟がそのようにして実現され、死の部隊と合衆国がスポンサーとなった「民主主義戦線」とを同時に動員した。人道主義的NGO、さらには幾つかの「ラディカル左派」の組織――これもまた合衆国に出資され、アリスティードのIMFへの「降伏」を告発した――を動員することも忘れずに……。アリスティード自身がラディカル左派とリベラル右派の間のこの共謀を巧みに性格付けた。「権力を持つ白人があなたに言わせたいと望んでいるこ

訳注5　Régis Debray（1940-）フランスの作家、哲学者。メディオロジーの提唱者として、またキューバをはじめとする中南米での革命運動の同伴者として知られる。『メディオロジー宣言』（西垣通監修、嶋崎正樹訳、NTT出版、一九九九年）など多数の著作がある。

原注5　アメリカでの意味は、穏健左派（仏訳者による注）。

とを言うことには、どこかに、秘密の、おそらくは無意識の小さな満足がある」。別様に言えば、支配的イデオロギーは極めてしばしば、左派の自我理想のままである。

4

ハイチの事例はさらに、西洋マルクス主義の（構成的な）大問題、欠けている革命主体の問題に新たな光を当てる――労働者階級が自らを革命のエージェントに構成せず、即自から対自への移行を実現しないなどということがどのようにして起こるのか。この問題は精神分析を参照することの主要な正当化事由を提供した――階級意識が労働者階級の実存（社会的状況）にさえ書き込まれてしまうのを妨げる無意識のリビドー的メカニズムを説明する、まさにそのために精神分析は召喚されるのである。マルクス主義的社会－経済分析の真理が救済されたのは、このようにしてである。中産階級の上昇等々に関する「修正主義的」理論を呼び込むいかなる理由もなかった。また、こういうわけで、西洋マルクス主義は、その気がない労働者階級の代役として革命のエージェントの役割を果たすことができる他の社会的審級――第三世界の農民、学生、知識人、排除された者……――を絶えず探求してきた。

最後の審判という観念を世俗化された形で再び取り上げることに関するペーター・スローターダイク[訳注6]のテーゼの真理の核はそこに存する。彼によれば、近代左派のプロジェクトは、蓄積された全ての負債が全面的に清算され、蝶番の外れた世界が最終的に立て直される時機という観念の再我有化である。この非宗教的なヴァージョンにおいては、審判のエージェントは、もはや神ではなく、人民である。スローターダイクにとって、左派の政治運動は「怒りの銀行《バンク》＝貯蔵庫」のようなものである。そうした運動は人民の怒りへの投資《アンヴェスティスマン》＝備給を取り集め、人民に大規模な復讐ならびに世界的な正義の再確立を約束する。この期待は決して十全に満足させられず、不平等と階統性が革命的な怒りの爆発の後に再び現われるので、失望した者を満足させ、解放の仕事を完了させる第二の——真の、全面的な——革命への圧力が常に生じる。一七八九年の後の一七九三年、一九一七年二月の後の一〇月……。問題は、怒りの力《キャピタル》＝資本は決して十分ではないということであり、この理由のために、民族的なものであれ文化的なものであれ、他の怒りを借用したり他の怒りと結合したりする必要がある。ファシズムにおいては、民族的な怒りが優勢である。毛沢東主義的共産主義に関して言えば、それは搾取された貧農の憤怒を動員するのであって、プロレタリアのそれを動員するのではない。我々の時代に、このグローバルな怒りは自らの潜勢力を消尽したのであり、残る主要な形式は二つである。イスラ

訳注6　Peter Sloterdijk（1947-）ドイツの思想家。ポスト・フランクフルト学派世代を代表する思想家の一人。遺伝子操作からグローバリゼーション、福祉国家まで、幅広い問題領域に関して積極的な発言をしている。著作に『シニカル理性批判』（高田珠樹訳、ミネルヴァ書房、一九九六年）ほか。

ム（資本主義的世界化の犠牲者の怒り）と若者の「非合理的な」爆発であり、これにラテンアメリカのポピュリズム、エコロジスト、反消費主義、反世界化のルサンチマンの他の形式を加える必要があろう。代わりとなる積極的な展望が欠けていたポルト・アレグレの運動[訳注7]は主要な怒りの銀行＝貯蔵庫として確立されようとするその試みにおいて挫折した。

革命主体としての労働者階級の挫折がボルシェヴィキ革命の核心にある。レーニンの才能は失望した農民の「怒りの潜勢力」を見抜くところにあった。十月革命は農民の大多数――この革命がその不満を捕らえた――に向けられた「土地と平和」というスローガンのお陰で勝利を収めた。レーニンは一〇年前に既にこれらの語で考えていたのであり、独立自営農民の新しく強力な階級を創造することを目的としていたストルイピンの農地改革の予想外の成功という見通しに対する彼の恐怖はそこから生じた。レーニンは当時、ストルイピン[訳注8]が成功を収めるならば、革命のあらゆる機会は数十年間失われると書いた。

キューバからユーゴスラヴィアまで、全ての成功した社会主義革命はこのモデルに従い、極めて危機的な状況という機会を掴み、民族解放闘争あるいは他の「怒りの力＝資本」の闘争を新規参入者として認める。もちろん、ヘゲモニーの論理の支持者であれば、そこには革命にとって非常に「標準的な」ものしかなく、「危機的大衆」は、まさしく、またもっぱら、複数の要求の間の一連の等価性を通じて、常にラディカルに偶発的で状況依存的な仕方で、諸事情の特殊なさらには特異な総体の影響を被るということにここで注意を促すであろう。全ての敵対が大いなる〈敵対〉のうちで相殺される時にではなく、そうした敵対が自らの力能をシナジー的に組み合わせる時に、革命は生起するのである。しかし、事態はより錯綜している。〈歴史〉などというものはなく、歴史は偶発的で開かれた過程である以上、革命はもはや〈歴史〉という列車には乗らず、その法則によって縛られてはいないと言うのでは十分ではない。事実、全ては、〈歴史〉の法則、多少とも明らかな主要な歴史の展開が確かにあり、革命はその間隙においてしか、「流れに抗して」しか生じえないかのように進む。革命家はシステムの明瞭な機能不全あるいは崩壊の時機（一般的に非常に短い）を忍耐強く待機し、機に乗じて、権力を掌握しなければならないのであり、この権力はその時、いわば街頭に根付きつつあるのである――革命家はその時、自らの権力掌握を強固にする、抑圧装置を構築する等々のことをしなければならないのであって、混乱の時期が過ぎ去ってしまい、正気を取り戻した多数派が新たな体制に失望した様子を見せている時、革命は確かに然るべき場所にあることになる。共産主義時代の旧

訳注7　二〇〇一年にブラジルのポルト・アレグレで始まった、世界社会フォーラムの運動のこと。反グローバリゼーション運動を中心とする、世界の様々な非国家主体・組織の緩やかな連帯運動。
訳注8　ピョートル・ストルイピン（Pyotr Stolypin 1862-1911）帝政ロシアの政治家。ニコライ二世の治世下で首相を務め、革命運動を過酷に弾圧しつつ、ツァーリズムの体制内改革として農奴解放をはじめとする農業改革を実施した。皇帝や地主層と対立し、暗殺される。

ユーゴスラヴィアの事例が典型的である。第二次世界大戦の間、共産主義者はドイツの占領軍へのレジスタンスに対して冷酷に自らのヘゲモニーを行使し、自らの戦いの共産主義的性格を否定しつつも、自らに代わる（「ブルジョワ的な」）全てのレジスタンス勢力を破壊するために熱心に活動して、反ファシズム闘争を占有した（彼らが戦争終結時に共産主義革命を実行するために権力を奪うことを企図しているという疑念を表明した者は誰であれ速やかに、敵のプロパガンダを普及させているとして告発された）。戦後、彼らが実際に権力を奪ってしまうと、事態は変化し、体制は自らの本性と目標を公然と開陳した。一九四六年頃までは正真正銘人民的であったにもかかわらず、共産主義者はこの年の総選挙でいんちきをした。彼らは自由選挙に容易に勝利していたはずなので、なぜそんなことをしたのかと尋ねられると、彼らの返答（当然、私的なものである）は、それは本当であるけれども、四年後の次回選挙では敗れるだろうというものであった。それゆえ、彼らが容認するつもりの選挙方法を一挙に主張する方がよかった。それゆえ、彼らは、自らを権力の座に至らしめた特異な事情を完璧に意識していた。それゆえ、自らが人民の支持に基づく真のヘゲモニーを構築し、長期間堅持することに挫折するという意識は最初から現存していた。

今日、この見通しの方向を完全に転換して、権力を掌握する僅かな好機を差し出す社会の分解の予見不可能な機会を忍耐強く待機することの円環を断つ必要があるだろう。おそらく――

おそらくというだけだが――この絶望的な待機、この革命のエージェントの探索は自らの反対物そのものの表現、それを見出すのではないか、それが既に運動しているところでそれを見るのではないかという恐れの表現である。例えば、今日目撃されている排他的特権（「メンバーズ・オンリー」）という現象の爆発について何と言うのか。これは、銀行の特別条件から予約診療施設にまで至る生活様式となっている。資産家は徐々に、自らの生活全体を正門の背後に封鎖している。彼らは、もはやメディア的なイヴェントには行かず、家で私的なコンサート、ファッション・ショー、展覧会を組織する。彼らは時間を予約して買い物をし、隣人（そして潜在的な友人）にこのフリック－シック（「キャッシュと階級」）の機会を知らせる。新たな世界階級はこのようにして現われ、彼らはインドのパスポート、スコットランドの城館、ニューヨークのピエ・タ・テール〔アパートメント〕、カリブ海の私有島を持つことができるが、ここでの逆説は、この世界階級の成員が、私的に晩餐をする、私的に買い物をする、私的に芸術を鑑賞する、云々というものである。彼らはこのようにして、自らの解釈学的問題が解かれる、お誂え向きの世界を創造する。トッド・ミレイ[訳注9]のような言い方をすれば、一族が裕福である時には、三〇〇〇億ドルを持っているというのがどのようなことなのかを招待客に理解させるには、

訳注9　アメリカの投資家・金融コンサルタント。新世代のビジネス・リーダーとして注目されている。

晩餐に招くだけでは十分ではない。[原注6]その時、富裕者の世界一般との関係はどのようなものなのか。言うまでもなく、二重のものである。それは同時に取引関係であり慈善関係（環境、病気に対する闘争、芸術への支援）であるからである。この世界市民は生活の大部分を無傷の自然の中で過ごす。パタゴニアでのトレッキング、私有島での水浴。バリケードで守られたこのスーパー・リッチの根本的な実存的態度が恐れ——外の社会生活それ自体の恐れ——であるということを指摘しないではいられない。それゆえ、「掛け値なしの富豪である個人」の最優先事項は自らの安全に対するリスク——病気、脅威に晒され、暴力的犯罪に晒されていること——を最小限にまで減少させることである。

世界の埒外で生活するこの「世界市民」は、スラムおよび他の公共空間の「白い染み」で生活する者の真反対の極ではないのか。それらは同じ硬貨の二面、新たな階級分割の両極端である。この分割が最も目に付く都市は、都市の中心に二五〇のヘリポートを擁する、ルラ（大統領）のブラジルのサン・パウロである。普通の人々と接するという起こりうる危険から身を遠ざけるために、サン・パウロの富裕者はヘリコプターを利用し、周囲を眺める時、実際に『ブレード・ランナー』（一九八二年）あるいは『フィフス・エレメント』（一九九七年）におけるものの如き未来派的都市の中にいるような印象を持つことになる。地面すれすれ、危険な街路に普通の人々が蠢き、富裕者は上空を移動するのである。

5

ハイチの話に戻れば、ラヴァラスの戦いは同時に原則の英雄主義と今日為されうることの限界との範例である。運動は、そこから「抵抗する」ために国家権力の間隙に引き籠もったのではなく、国家権力を英雄的に引き受けたのであり、資本主義的「世界化」の全ての傾向が、しかしまたポストモダン左派の全ての傾向も国家権力に抗い挑んでいるというのに、最も不利な事情のうちでそれを奪うことを確りと意識していた。ネグリの声はどこに届いていたのか――もっとも、彼はブラジルのルラ体制を称賛していたが。合衆国とＩＭＦの課した「必要な構造調整」に強いられて、アリスティードは小規模のプラグマティックな政策（学校と病院の建設、インフラストラクチュアの創造、最低賃金の引き上げ）を偶然の人民的暴力の行為と結合し、武装したギャング団に対抗した。アリスティードに関して最も論争の的となり、彼をセンデロ・ルミノソあるいはポル・ポトに準えられるに値するものにしたのは、「ルブラン神父」[原注7]に対

原注6　Emily Flynn Vencat et Ginanne Brownell, « Ah, the Secluded Life », *Newsweek*, 10 decembre 2007.

原注7　人民の自己防衛形式である「首輪」の刑は、燃えているタイヤの中で、人を殺した警官あるいは密告者を殺すことにその要諦がある。その名はポルトープランスのタイヤ商人を連想させる。転じて、ハイチではあらゆる形式の人民の暴力を指す（仏訳者による注）。

する機会に彼が示しえた寛容である。一九九一年八月四日、アリスティードは熱狂的な群衆に、「それをいつ、どこで使うか」を知るように勧告していた。自由主義者は直ちに、ラヴァラスの人民の自己防衛団体であるシメールとデュヴァリエ独裁[訳注10]の有名な暗殺団トントン・マクートの間に平行関係を確立した。自由主義者に好まれた戦略とは常に、左右の「原理主義者」のいずれの肩も持たず、サイモン・クリッチリー[訳注11]においてそうであるように、アル・カーイダがレーニン主義政党の新たな再来等々になってしまうというものではないか。シメールに関して尋ねられ、アリスティードは返答した。「言葉通りだ。シメールは、貧しい人々、大いなる不安と慢性的失業の状態のうちに生活する人々である。彼らは、構造的な不正の、体系的な社会暴力の犠牲者である。……彼らが、自らの政府を活発に妨害し始めた際に、常にこの同じ社会暴力の恩恵に浴してきた者と衝突するのは驚くべきことではない」。

　こうした絶望的な、人民の暴力的自己防衛行為はヴァルター・ベンヤミンが「神的暴力」と呼んだものの実例である。それは、「善と悪の間に」、倫理の一種の政治－宗教的停止のうちに位置する。それが普通の道徳的意識には「不道徳な」行為に、殺人に思われるとしても、それが何年もの、さらには数世紀の体系的な国家的そして経済的な暴力と搾取に応答している以上、それを非難する権利などないのである。ジャン・アメリー[訳注12]は、フランツ・ファノンを参照しつつ、非常に正確にそのことを示した。「幸福であるためには自由を活用すれば十分であるならば、私は、それを取得するために戦ってくれたイギリス、アメリカ、ロシアの兵士の手からそれを受け取ったことに満足する必要があるだろう。しかし、私にはそう決心しえなかった——フランツ・ファノンがアルジェリアの独立をプレゼントとして受け取っても——そのようなプレゼントをすることを誰かが望みえたと仮定して、だがもちろん、それは不可能である——そうだったであろう。自由と尊厳は、自由と尊厳であるためには、暴力によって獲得されねばならない。もう一度言おう、それはなぜか。私は、ファノンが避けている、復讐というタブーの主題をここで導入することを恐れていない。復讐の暴力は、圧制の暴力とは反対に、否定的平等、苦悩の平等を創造する。抑圧的暴力は平等の否定であり、またそのようにして人間の否定である。革命的暴力は高度に人間的なものである」[原注8]。

訳注10　一九六四年から一九八六年まで続いた、フランソワ・デュヴァリエ、ジャン＝クロード・デュヴァリエ父子による独裁政治。宗教（ブードゥー教）を介した人心掌握が試みられると同時に、トントン・マクートなどの暴力を通じたあからさまな恐怖支配でもあった。

訳注11　Simon Critchley（1960-）イギリスの哲学研究者。デリダ、レヴィナスなど大陸の哲学者を中心に研究。著作に『ヨーロッパ大陸の哲学』（佐藤透訳、岩波書店、二〇〇四年）など。

訳注12　Jean Amery（1912-1978）ナチスによる迫害を経験したユダヤ人作家。『罪と罰の彼岸』（池内紀訳、法政大学出版局、一九八四年）などの作品がある。一九七八年に自殺。

原注8　Jean Amery, « L'homme enfante par l'esprit de la violence », in *Les Temps modernes*, no 635-636, novembre-decembre 2005-janvier 2006, p.184.

これと同じ論証はヘーゲルより他の誰によっても為されなかった。社会――現存の社会秩序――は主体がその実体的な内容とその承認を見出す究極的な場であるということ、換言すれば、主体的自由は普遍的な倫理的秩序の合理性においてしか実現しえないということを彼が強調する時、暗黙の系論は、この承認を見出さない者は反逆する権利を持つというものである。ある階級の人々が体系的に権利を、さらには尊厳を剥奪されているならば、彼らは事実それ自体によって社会秩序に対する自らの義務を免れているのである。この秩序はもはやその倫理的な実体ではないからであり、あるいは、ロビン・ウッド[訳注13]を引用すれば、「社会秩序がそれ自身の倫理的原則を実施するのに挫折する時、それはこの同じ原則の自己破壊に帰着する」からである。「下層民《ポピュラス》」に関するヘーゲルの言表の尊大な調子によって、彼が彼らの反逆を合理的な視点から十全に正当化されるものであると考えていたという原理的な事実に関して、我々は目を眩まされてはならない。「下層民」は、倫理的実体による承認が、体系的であって偶発的なだけではない仕方で否認され、〔彼らの方も〕社会には何も負わず、社会に対して全ての義務を免除されていることになる人々の階級である。周知のように、これはマルクス主義的分析の出発点である。「プロレタリアート」は、「合理的な」社会的全体性のそのような「非合理的な」要素、社会的全体性の計算不可能な「部分なきものの部分」、社会的全体性によって体系的に生み出され、同時にそれに対してはこの全体性を定義する原理的権利が拒まれている要素を指す。
その時、神的暴力とは何か。その場所は非常に正確な仕方で明快に定義されうる。バディウは代表される者に対する代表の構成的な過剰に関して書いた。〈法〉の水準においては、国家権力は主体＝臣下の利益を代表することとしかしない。国家権力はそれに奉仕し、それに対して責任を負い、その統制に服している。しかし、超自我の隠れた水準では、責任の公的なメッセージは権力の無条件的行使の猥褻なメッセージによって二重になる。法は私を本当に縛りはしない、私は私が望むことをお前に為しうるし、私がそう決めればお前を罪人として扱いうるし、一言でお前を破壊しうる……。この猥褻な過剰は主権の観念に必要な構成的要素である。ここでは非対称が構造的であり、別の言い方をすれば、主体＝臣下がそこに無条件的な猥褻な自己主張の響きを聞き取るのでなければ、法は自らの権威を堅持しえないのである。そして、人民の「神的暴力」はこの権力の過剰に相関的である。それは権力の過剰のカウンターパートであって、その全体が権力の過剰を侵食するべく定位している。

訳注13　Robbin Wood（1931-2009）カナダの映画批評家。ハワード・ホークス、ヒッチコックなどの研究で知られる。

6

「国家権力を求めて闘争する（これは我々を敵方と似たものにする）か、距離を隔てた抵抗のうちに閉じ籠るか」という二者択一は偽りの二者択一である。その二つの選択肢は同じ前提より発するのであり、それによれば、我々が知っている国家形式は存続するように定められていて、国家を転覆させるか距離を隔てたところに留まるかより他のことは何も為しえないことになる。ここで、レーニンの『国家と革命』の教えを厚かましくも反復するのが適当である。革命の暴力の目的は、国家権力を奪うことではなく、それを変形させること、その機能作用、その基盤への関係等々をラディカルに変化させることである。「プロレタリアート独裁」の観念の鍵となる要素はここに存する。ブュレント・ソメイ[訳注14]は、プロレタリアートにこの役割への資格を与えるのは結局のところ否定的な特徴であるということに正しく注意を促している。他の全ての階級は、実のところ（潜勢的には）、「支配階級」の地位に到達することができる、換言すれば、国家装置を統制する階級として自らを確立することができる。「労働者階級をエージェントにし、それにその使命を提供するのは、その貧困ではなく、その戦闘的で擬似‐軍事的な組織化でも、（主として産業的な）生産手段との近接性でもないのであって、さらに一つの支配階級を形成するために自らを組織する能力の構造的欠如より他の何物でもない。プロレタリアートは、対立する階級を廃止する行為のうちで自らを廃止する、歴史における唯一の（革命的）

階級である」[原注9]。

この思想から唯一の適切な結論を引き出す必要があるだろう。「プロレタリアート独裁」は一種の（必要な）撞着語法であって、プロレタリアートが支配階級であるだろう国家形式ではない。国家それ自体がラディカルに変形させられ、新たな形式の人民の参加に依拠する際にしか、実際に「プロレタリアート独裁」など持てない。こういうわけで、スターリニズムの最盛時、社会的構築物全体が粛清により粉々にされてしまうと、新憲法がソヴィエト権力の「階級」としての本性の終わり（投票権は、その時まで排除されていた階級の成員に付与された）を宣言し、社会主義体制が「人民民主主義」の名を得たという事実のうちには、偽善より多くのものがある――これは紛れもなく、この体制が「プロレタリアート独裁」ではなかったということを標示している。民主主義が衰えたのは、代表される者に対する代表の構成的な過剰に関連するものにおいてである。

民主主義は人民と権力を行使する者の間の最小限の疎外を想定している。後者は、これら二つの審級が代－表 re-presentation の最小の距離によって分離されるのでなければ、前者の前で責任のある者として受け取られえない。「全体主義」においては、この距離は無化され、〈長〉

訳注14　Bülent Somay（1956-）トルコの比較文学研究者。
原注9　個人的な会話より。

は人民の意志を直接提示すると見做される。当然、指導者のうちへの（経験的）人民の遥かにラディカルな疎外がその結果として生じるのであり、指導者は、人民の「経験的」で混乱した欲望および利益とは反対に、直接、人民が「現実にそうである」もの、人民の真のアイデンティティ、その本当の欲望および利益なのである。権威主義的権力がその主体＝臣下に対して疎外されているならば、人民は、ここでは「経験的」人民ということだが、「それ自体に対して」疎外されているのである。

当然のことだが、これは、「全体主義」の拒絶を含む、単純な民主主義の弁護論を伴うものでは全くない。反対に、全体主義のうちには真理の契機がある。ヘーゲルは既に、政治的代表が、人々が前もって自らが何を望んでいるのかを知っていて、代表者に自らの利益を擁護する責務を負わせるということを意味するわけではないという事実に目を付けていた。人々は「即自的に」しかそれを知らず、彼らの利益と目的を彼らに代わって表明し、それらを「対自的」にすることになるのは彼らの代表者である。明示的な「全体主義の」論理は、常に既に代表される「人民」の内側を通っている分割を「そのようなものとして」措定する。

指導者の形象について、ここでラディカルな結論を引き出すことを怖がってはならない。体制としての民主主義は、プラグマティックな功利主義的惰性の先にまでは行けず、「善の奉仕」

の論理を停止しえない。自己分析などなく、分析家という外的形象への転移関係を通してしか分析的変形は生じえないのと同様に、大義への熱狂を始動させ、自らに従う者の主体のポジションにおけるラディカルな変形を引き起こし、そのアイデンティティを「実体横断的なものにする」ためには長が必要である。

これは、権力について語る際、問いは、権力が民主主義的に正統であるか否かというものではなく、その民主主義的性格あるいは非民主主義的性格とは独立に、主権的権力そのものと結合した「全体主義的過剰」の特殊な性格（「社会的内容」）とはどのようなものであるかというものであることを意味する。「プロレタリアート独裁」の概念が作用するのはこの水準においてであり、そこでは、権力の「全体主義的過剰」は「部分なきものの部分」の側にあり、階統的な社会秩序の側にはない。露骨な言い方をすれば、「部分なきもの」は語の十全で至高の意味における権力の座にある。これは、彼らの代表者が権力の空虚な場所を一時的に占めるということではない。よりラディカルに、彼らは国家代表の空間そのものを自らに利するように「撚り合わせる」のである。〔ベネズエラの〕チャヴェスと〔ボリビアの〕モラーレスが「プロレタリアート独裁」の現代的形式でありうるだろうものに近付いているという説を唱えることができる。彼らの政府は、それがその支持を貯め込んでいる多数のエージェントおよび運動との相互作用の中にあるものの、彼らの体制のヘゲモニックな力を構成するファヴェーラの無産者と特権的な関わりを持つ。チャヴェスがなお民主主義的な選挙規則を尊重しているとしても、彼の原理的なアンガージュマンの意味とその正統性の源泉があるのは、そこではなく、彼がファヴェーラの無産者と維持している特権的な関係のうちである。これこそ、民主主義的形式の下の「プロレタリアート独裁」である。

イランの市民社会で進行中の異常なまでの「自由主義のルネサンス」を無視している広い範囲の西洋左派の偽善に関して、相当に説得力のある物語をすることもできよう。この「ルネサンス」が参照する西洋知識人が、ハーバーマス、アーレント、ローティさらにはギデンスのような形象であって、〔こうした文脈で〕挙げられることの多い一群の反帝国主義的「ラディカル」ではない以上、左派は、この運動の支配的形象が仕事を失う、逮捕される、云々という時にも、動じたりはしない。権力分割、民主主義的正統性、人権の法的擁護等々の「煩わしい」テーマを擁護していることで、これらの人物は胡散臭いと考えられている、というのも、彼らは十分に反帝国主義的で反アメリカ的であるようには思えないからである。いずれにせよ、西洋の自由民主主義が原理主義的な宗教体制を厄介払いするのによい解決策であるのか、それとも、こうした体制は反対に自由民主主義それ自体の症候ではないのかというより原理的な問いを取り上げるのが適当である。「自由な」民主主義的選挙が「原理主義者」を権力に至らしめる、アルジェリアあるいはパレスティナ地域の事例のような事例において、何を為すべきか。

ローザ・ルクセンブルクが「独裁の要諦は民主主義を利用する仕方にあるのであって、その廃止にあるのではない」と書く時、彼女は、民主主義が種々異なる政治的エージェントによって利用されうる空虚な枠組みである（ヒトラーが権力に至ったのは、詰まるところ、多少とも自由な選挙を介してである）と言いたいのではなく、この空虚な制度的枠組みに書き込まれた「階級バイアス」が存在すると言いたいのである。こういうわけで、ラディカル左派が選挙を介して権力に到達する時、その認識票は、それが、自らの基盤のヘゲモニーを保証するために、動員の運動に直接依拠すること、新たな形式の局所的な自己組織化を課すこと等々によって、規則を——選挙と国家のメカニズムだけでなく、政治空間の論理全体をも——変化させることから始めるという事実である。そのようにしながら、ラディカル左派は民主主義的形式の「階級バイアス」の正しい直観によって誘導されているのである。

（ジョエル・マレッリ Joëlle Marelli による英語原文からの仏訳）

訳者あとがき

本書は、*Démocratie, dans quel état ?* (Paris, La fabrique, 2009) の全訳である。邦訳の題名はフランス語原題(デモクラシーは、いかなる状態にあるか?)をほぼ直訳したものだが、哲学・思想の立場からの論集であることを示すために、副題を添えた。

本書は、「緒言」にあるとおり、フランスの出版社ラ・ファブリック編集部の投げかけた質問(「あなたにとって、自らを「民主主義者《デモクラット》」と言うことには意味があるのか? 意味がないとすれば、なぜか? そして、意味があるとすれば、その言葉のどのような解釈によってであるのか?」)に対して、フランスを中心とする欧米の八人の思想家たちが回答を寄せたものである。

この企画の起点となった出版社「ラ・ファブリック」および、その主宰者であるエリック・アザンについて、簡単に紹介しておこう。エリック・アザンは一九三六年パリ生まれ、外科医としてパレスチナ問題など中東情勢に積極的に関与した後、編集者・著述業に転身。一九九八年に「ラ・ファブリック」を創設した。「ラ・ファブリック」は、大手メディアによる出版の寡占化の流れに抗して九〇年代後半以降にフランスで擡頭した「独立系出版 édition indépendante」の動きを代表する出版社の一つであり、イスラエル／パレスチナ問題等の中近東情勢をはじめ、政治思想、社会運動等、多方面のテーマについて活発に発信を行っている。

その「ラ・ファブリック」が、ジジェク、ランシエールら名立たる思想家たちに「民主主義」についての問いを投げかけたわけであるが、それにしても、なぜ、民主主義は「それについて新説を述べるのは不可能に見える」テーマなのだろうか?

一つには、フランスをはじめとするヨーロッパの現今の状況を考慮しておく必要があるだろう。民主主義の発祥の地を自負するヨーロッパを、今日、漠然たる「反」民主主義の気運が覆っている。政治家も、メディアも、知識人も、民衆も、代議制民主主義に対する苛立ちを抱え込んでいるようだ。「一つの共同体に結集した人々の自己決定・自己支配」という民主主義のフィクションは、その揺籃の地において、さまざまな角度から綻びを見せている。

例えば、二〇世紀終盤から欧州各国で無視し得ない伸張を見せている右翼諸政党（もちろん、その伸張を促しているのが「民衆」の支持であるという事実は決して軽んじるわけにはいかない）の主張を考えてみよう。多くの場合、彼らは何か具体的・実効的な解決策を提案するというよりも、人々の曖昧な焦慮・不満・苛立ちに表現の回路を提供しているにすぎない（もっとも、これはもしかしたら、右翼政党に限られたものではなく、今日の「政党」の主要機能なのかもしれないが）。彼らは何に反対し、何を攻撃の対象に据えるのか。格好の標的が、（EU本部のある）ブリュッセルの官僚たちと、「移民たち」である。

欧州連合（EU）統合の拡大・深化とともに、諸々の政策決定の権限はEUの巨大な官僚機構に掌握されつつある。EUを構成する各々の「主権」国家は、意思決定の主体的単位としての実質を空洞化させている。各国の議会選挙（や欧州議会選挙）は、儀礼的プロセスか、さもなければ、現状に対する不満の意を感情的に表明するための発散装置、負の祝祭と化した。選挙結果がどうあれ、政策決定における変更の余地はほとんどない。グローバル自由経済の容赦なき競争状況を考慮すれば、とるべき進路は選挙民の意思表明とは無関係にあらかじめ決まっている。選択肢は他にないし、その「選択肢」自体、専門知識を総動員したブリュッセルの官僚が前もって用意してある。「責任ある」政党と「責任ある」有権者は、それに「oui」なり「ja」なり「yes」なりと応えなければならない。どのような言葉遣いでどのような答え方をするかは任されていても、しかし、その内容は「承諾」しか認められていないのである、云々。

以上のような描写がどこまでEU統合の実態に即したものであるかは、冷静かつ実証的な検討に付す必要があろう。だが、少なくとも、EU諸国の多くの市井の人々の目に映っているのがこうした姿であることは否定しがたい。「民主主義の赤字 déficit démocratique」と言われる状況である。まるで、民主主義を奉ずるヨーロッパ諸国は、彼らの民主主義への賞賛をより高らかに唱えるために一つになった結果、もはや鈍重な民主主義など必要としなくなったかのようである。

そして、中近東、サハラ以南アフリカ、カリブ海、或いは、（旧東欧圏など）EU内の後進国、等々から流入する移民、外国人、「よそ者」たち。もちろん、西欧諸国への移民労働者の流入は、第二次大戦後の資本主義的成長の黄金期（慢性的労働力不足の時代）から、或いはそれ以前から生じている事態である。だが、二〇世紀終盤以降のグローバル化の急進展は、物財・資本・情報の移動だけでなく（様々な階層におよぶ）人間の移動をも制御しがたいほどの規模で加速させ、その裏面として、西側「先進国」中産階級の経済的地位を相対的に低下させた。そのとき、足下の地面が消え失せるかのような不安感に駆り立てられた彼らの目の前に、経済的・社会的停滞の周辺部に沈着する移民コミュニティの存在が強烈な違和感を喚起しながら浮上する。失業率が高止まりし、職が蒸発するかのように消えていき、慢性的に景気が回復しないのは、「奴ら」が低賃金で職を奪い取っていくからではないか、と。文化が荒廃し、治安が悪化し、社会が一体性を喪失しつつあるのは、ヨーロッパに勝手に押し寄せておきながらヨーロッパ的諸価値を受け入れることを頑強に拒み続ける「奴ら」のせいではないのか、と。特に（多文化主義的な並列的共存を排して）世俗的共和主義への統合を価値として掲げるフランスにおいては、例えばイスラム教徒ら、統合を拒んで文化的独自性を保持する「異質な」人々に対する風当たりは強い。

諸々の人種的・宗教的・経済的・社会的背景を問われることなく「一つの国民」として結集した人々が、自らの進む針路について自ら決断を下すという「民主主義」の物語は、あらゆる時代・地域・文化にあまねく妥当すべき「普遍的価値」とされてきたはずだった。だが、いまや、「民主主義的ヨーロッパ」は、その没落の不安から目を逸らすために、民主主義による包摂を最も必要としているかもしれない人々をその外側へと臆面もなく放擲しようとしている。民主主義社会はその中核を辛うじて維持するために、その領域を縮小させ、幻想で固められた「内部」に撤退し、そうして、「排除型社会」へと転形しつつある。いわゆる「サン・パピエ」（身元を証明・保証する書類を持たない人々）は、紛れもなく民主主義のスキャンダル（ベンサイードの語を用いれば）であろう。

とはいえ、もちろん、民主主義の全般的機能不全は、決してヨーロッパ諸国に限られた症状ではない。日本や合衆国を含む先進諸国でも、中国・ロシア等の新興諸国（その多くが、いわゆる開発独裁的プロセスを経て経済成長を達成させている）でも、湾岸産油国でも、サハラ以南のアフリカの「破綻国家」でも、民主主義は、或いはその問題解決能力の欠如のうちに空転し、或いは強権的支配を表面上糊塗するための単なる外装として横領され、或いは形式上の制度導入の果てに暴力的対立を却って激化させ、そうして、それぞれ異なる仕方ではあれ、その掲げる理念の崇高さに反比例するかのごとき無力さを露呈している。冷戦の終結により「民主主義が勝利を収めた」今世紀の世界において、いまや民主主義は「解決策」ではなくむしろ「問題」を構成する主要因であるようにさえも見えてくるのである。

「民主主義」はポスト冷戦期の今日において至上の価値とされるにもかかわらず、というよりも、至上の価値とされるがゆえに、「不可侵の問い、不可能なる問い」と化しているように見える。かつて、一九世紀最大の革命家にして「陰謀家」であるブランキが、それを「ゴムのような語」と糾弾したときと同じように。昨今の言い方でいえば、「プラスティック・ワード」ということになろうか。それは、「ゴム製の」伸縮自在な言葉として、議論や分析を前進・展開・深化させるかわりに、むしろ滞留・空転させてしまうのである。

元来、「民主主義」には拭い去りがたい両義性、規定不能性が憑きまとう（民主主義の両義性については、本書所収のアガンベン論文、ナンシー論文を参照されたい）。「民主主義」の規定し難さは、例えば、日本語における術語の不安定さを考えただけでもわかる。démocratie をどう訳すべきか？　「民主主義」か、「民主制」か、「民主政」か？　それは、理念なのか、制度なのか、政体なのか？

だが、今日における民主主義の地球規模の機能不全をもたらしているのは、それを「ゴムのような」不可能な問いの位置に固着させているのは、こうした民主主義に本質的に根差す両義性だけではない。おそらく、その最大の要因は、民主主義が普遍的原理として「勝利した」ことにあるのではないだろうか。

近代以降、特に第二次世界大戦以降、民主主義は諸々の政治的行為の正当性を保証する唯一の公認原理として、その地位を確立したといえよう。実際、第二次大戦はその勝者によって、「民主主義と全体主義の戦い」であったと位置付けられたのである。覇権闘争の勝者は「民主主義」の名の下に戴冠した。大戦終結後ほどなくして、「勝者」たる連合国は、自由主義陣営（西側）と社会主義陣営（東側）に分たれて第二ラウンドを、冷戦の対立を演出する。それぞれに、自由民主主義と人民民主主義の旗を掲げて。つまり、両者ともが「真の民主主義」の名において自らの正当性を担保し誇示しようとしたのである。やがて、ソヴィエト連邦の崩壊とともに冷戦が終焉を迎えたとき、西側は自らの勝利を再び「全体主義（＝共産主義）に対する（自由）民主主義の勝利」として言祝いだのではなかっただろうか。そして、二一世紀における「テロとの戦い」もまた「民主主義的秩序と反民主主義的抑圧との戦い」として自らを表象しようとしているのではなかっただろうか。

別の面から見てみよう。第二次大戦後、植民地帝国は解体され、アジア・アフリカ等「第三世界」の諸民族が独立を達成する。このとき、ヨーロッパの軛からようやく脱した彼らに絶対的正当性を提供した概念、それはまた（ヨーロッパ製の）「民主主義」であった。「第三世界」諸国の独立は、民主主義の名において正当化された。彼らは民主主義を掲げる限りにおいてのみ、正当な政治的単位として承認されたのであるが、それはまた同時に、「民主主義」が、諸々の政治的行為に正当性を付与する唯一の絶対的上位原理としての地位を確立する過程でもあったのだろう。人々は民主主義を受容し承認する限りにおいて、受容され承認される。植民地から不承不承ながらも撤退を余儀なくされたヨーロッパは、しかし、立ち去り際に「民主主義」という呪いの言葉を残していったのかもしれない。どのような立場を取るにせよ、世界は「民主主義」に呪縛され、もはやそこから自由になることはできない。民主主義は、市場経済（「資本主義」の再登録名である）に一歩先んじて、自らをゲームの共通前提の位置に据えることに成功した。民主主義こそが、「最初にグローバル化を達成した概念」なのである。真っ当にゲームに参入しようとする者は、誰であれまずこのメタ価値を承認しなければ、アリーナに立つことを許されない。

こうして今日、民主主義は、諸々の勢力、諸々の価値が衝突し合う抗争性の場を調停し裁定する上位原理として機能してしまっている。民主主義を解しない者たちは、この政治空間そのものの存立を危うくするものとして、あらかじめ登録の外に放置されるのである。「民主主義」を拒絶する余地は政治空間の中に残されていない。「民主主義」を否認するためにもまた「民主主義」をもってしなければならない（「民主主義」が免責的で特権的な位置に就いてしまっている現状については、本書においても、例えばバディウとブラウンがそれぞれ異なる角度から批判を加えている）。

日本の二大政党がともに「民主」を冠している現状を考えてみればよい。世界各地を見渡してみれば、多くの独裁政党や独裁国家が「民主主義」の名を冠しているのが目の当たりにされよう。いわば「民主主義」には反意語がないのである。民主主義はすべてを包括してしまう。社会民主主義、立憲民主主義、ラディカル民主主義《デモクラシー》、アジア型民主主義、……。それはあらゆる形容句と無節操なまでに結合可能である（本書所収のロス論考は、こうした事態に至る転機をブランキとランボーの一九世紀に見出そうという試みである)。かくして、民主主義は(ブランキの時代にもまして)「ゴムのような」言葉として、思考を停止させ、議論や対立関係を癒着させてしまう。

ところで、周知のように、そして、本書でも複数の論者が指摘しているように、フランス語の démocratie の(また、英語の democracy の)語源は、ギリシア語の demos(民衆)+ kratos(権力)である。古代ギリシア以来の政治思想の伝統にしたがえば、君主制が一人の君主による支配を、貴族制が一部の貴族階級による支配を意味するのに対して、デモクラシーは demos による支配を意味する。demos(民衆)とは誰か? それは多数者のことだが(それゆえ、デモクラシーとは多数者による自分たち自身の支配ということになるのだが)、だが、単に数の多さだけを demos は意味するわけではない。これも複数の論者が指摘しているように、民衆とは「取るに足らない者たち」、「何者でもない者たち」、「統治の任を担う特段の資格も能力ももたない者たち」であることを含意する(例えば、ランシエールの議論を参照されたい)。民主主義の本源的であると同時に今日的でもある、根深い規定不能性は、さらにその根源において、こうした demos の規定し難さと交錯しているのではないだろうか。

特に近代以降の大衆社会状況において、demos は「特性のない人間」(ムージル)として現れる。人々が「主権者」となるのは、何らかの出自や資格、名声や能力を有しているからではない。近代民主主義社会において人々は、まずもって「誰でもよい誰か」として「主権者」なのである。「取り立てて資格や特性をもたないこと」、それが民主主義の権力ゲームに参加するための唯一の資格である。

だが、このような「規定不能性」そのものを規定要件とするようなカテゴリーは、当然ながら、つねに不安定な流動状態に置かれるよりほかない。demos は二重に規定不能であり、不安定である。まずは外側に向かっての規定し難さ。近代の国民国家においては、民衆は国民 nation として形象化されると想定される。しかし、上述のようなグローバル化状況、多文化状況にあって、誰が民衆で、誰が民衆の「敵」なのか、誰がその土地や社会に「本来的に」根差した民衆で、誰がその安寧を外から脅かす「特権階級」や「よそ者」なのか、それを分つ線を引くのは至難の業である（そして、それでもその線を引こうとする試みはつねに暴力を呼び込むだろう）。

そして、内側に向かっての規定不可能性。「特性のない人間」たるべき demos も、実際の生活の場においては、各々の職業、各々の立場、各々の利害をもって生きている。だが、そのような種別的利害に沿って様々な利益集団へと組織された demos はもはや demos ではない（だから、ルソーの『社会契約論』は、国家と個人を媒介する中間団体の存在を認めないのである）。虐げられた民衆の苦難の叫びは、個々の問題の具体性に応じて一定の集団へと集約されるや否や、すぐさま（その外側の視点から見れば）既得権益へと転じてしまう（これが、アイデンティティ・ポリティクスの抱えるアポリアであろう）。demos は代表不可能なわけでは決してないはずであるにもかかわらず、しかし、それはつねに代表され損なうのだ（これは、例えば、マルクスの『ルイ・ボナパルトのブリュメール一八日』が描出した事態でもある）。代表という表現機構の外側に、必然的に、構造化（仮想化）され切らずに残存する剰余としての demos（だからこそ、民主主義はつねに、その表現形態として代表制（代議制）という制度を呼び込もうとすると同時に、そうした制度に還元されてしまうことに断固たる拒否の身振りを示すのであろう）。デモクラシーは demos の分節化において座礁する。

社会主義陣営の瓦解とともに階級闘争が（少なくとも事態を説明するモデルとしては）終焉を迎えたのは象徴的な事態だったのだろう。「プロレタリア」とは「特性の不在」を唯一の「特性」とする組織化のことだったのかもしれない。不可能なる要請を辛うじて成り立たせていた神話的集合形態。それは今となっては端的に不可能な理想としか映らないのかもしれない。いまや先進各国において、労働組合は既得権益を死守する利益集団の最たるものと看做されてはいないだろうか。

このように、少し概観しただけでも、「民主主義」は今日において何重もの意味で「不可能なる問い」として身動きが取れなくなっていることがわかる。だが、それはいわばあまりにも根源的に不可能なる問いなので、つまり、その不可能さは、民主主義について何かを言うことの不可能性であると同時に、民主主義について何かを言わないことの不可能性でもあるので、それゆえ、「民主主義」という語や概念を放棄することもまた不可能なのであろう。民主主義が「政治に関する論争の最も本質的なものがその周りを回転する軸線の役を務め続ける」ために、思想は、民主主義の困難な規定不能性の傍らを、その困難さの要請する遅さをもって跛行するのでなければならない。早急に民主主義の定義を与えようとしたり、それへの賛否を確定しようとしたりしても、「ゴムのような言葉」の弾性に呑み込まれてしまうだけだろう。いずれにしても何らかの高みに立って、外側から民主主義を裁断することなどできないのだから。

民主主義がその規定不可能性のうちに癒着してしまわないように、声高な激論の背後で思考を空転させる「ゴムのような」言葉として回収され切ってしまわないように、それを揺り動かさなければならない。実際、（ジジェク論文でも論じられているように）demos は demos そのものからすら逸脱し続ける剰余なのだから。民主主義そのもののうちに潜む、そうした「介入」のための裂け目を、本書所収の諸論考が垣間見せてくれているものと期待する。

かくて、ラ・ファブリック編集部の問い（「あなたにとって、自らを「民主主義者」と言うことには意味があるのか？　意味がないとすれば、なぜか？　そして、意味があるとすれば、その言葉のどのような解釈によってであるのか？」）は、今こうして日本の読者にも投げかけられたのである。

翻訳にあたっては、まず各論考の担当訳者が翻訳案を作成したものを持ち寄り、他のメンバーがそれに検討を加えた。そこで議論された内容を参考にしたうえで、各担当者が最終的な訳稿を作成した。

複数の著者による論集という本書の性格に鑑み、訳語の統一等の配慮は最小限にとどめた。ただし、本書の中心的主題、「論争の最も本質的なものがその周りを回転する軸線」である démocratie, démocrate, démocratique の各語については、それぞれ「民主主義」、「民主主義者」、「民主主義的」の訳語を充てることを原則とした。

ブラウン、ロス、ジジェクの各論考については、原書に収録されているのは英語原稿からのフランス語訳である。英語版の各テクストは未公刊であるため、邦訳もフランス語版からの訳出である。

また、本文および注で引用されている文献のうち、既存の邦訳があるものについては適宜参照したが、文脈との整合性を考慮してあらためて訳出し直した箇所もある。了承されたい。

本書に収録された論考の原題および翻訳担当者は以下の通り。

「緒言」(澤里岳史訳)
G. Agamben, *Note liminaire sur le concept de la démocratie*（太田悠介訳）
A. Badiou, *L'emblème démocratique*（河村一郎訳）
D. Bensaïd, *Le scandale permanent*（平田周訳）
W. Brown, *Nous sommes tous démocrates à présent*（河合孝昭訳）
J-L. Nancy, *Démocratie finie et infinie*（河村一郎訳）
J. Rancière, *Les démocraties contre la démocratie*（河合孝昭訳）
K. Ross, *Démocratie à vendre*（太田悠介訳）
S. Žižek, *De la démocratie à la violence divine*（澤里岳史訳）

本書の翻訳の企画・実現にあたっては、以文社の前瀬宗祐氏にたいへんご尽力いただいた。特に訳者のうちの二名がフランス留学中といった事情もあり、前瀬氏の多大なる激励とバックアップがなければ本書の翻訳が完成したかどうか、はなはだ心許ないものがある。この場を借りて感謝の意を表したい。

二〇一一年一月一八日

訳者を代表して　河村一郎

筆者紹介

ジョルジョ・アガンベン Giorgio Agamben (1942-)
ローマ生まれ。二〇〇九年までヴェネツィア建築大学教授。国際哲学学院等で教鞭をとる。哲学・美学。主な著書に『ホモ・サケル』(1995, 邦訳二〇〇三年)。『王国と栄光』(2007, 邦訳二〇一〇年)。

アラン・バディウ Alain Badiou (1937-)
ラバト（モロッコ）生まれ。高等師範学校（ＥＮＳ）名誉教授。国際哲学学院等で教鞭をとる。哲学。主な著書に *L'Être et l'Événement* (1988),『哲学宣言』(1989, 邦訳二〇〇四年)。

ダニエル・ベンサイード Daniel Bensaïd (1946-2010)
トゥルーズ（フランス）生まれ。二〇一〇年没。生前はパリ第八大学教授。哲学。主な著書に *Marx l'intempestif* (1996),『新しいインターナショナリズムの胎動』(2003, 邦訳二〇〇九年)、*Éloge de la Politique profane* (2008)。

ウェンディ・ブラウン Wendy Brown (1955-)
カリフォルニア大学バークレー校教授。政治学。主な著書に、*Politics out of History* (2001),『寛容の帝国』(2008, 邦訳二〇一〇年)。

ジャン＝リュック・ナンシー Jean-Luc Nancy (1940-)
ボルドー（フランス）生まれ。ストラスブール大学名誉教授。哲学。主な著書に、『無為の共同体』(1983, 邦訳一九八五／二〇〇一年)、『複数にして単数の存在』(1996, 邦訳二〇〇五年)。

ジャック・ランシエール Jacque Rancière (1940-)
アルジェ生まれ。パリ第八大学名誉教授。哲学・美学。主な著書に、『不和あるいは了解なき了解』(1995, 邦訳二〇〇五年)、『民主主義への憎悪』(2005, 邦訳二〇〇八年)。

クリスティン・ロス Kristin Ross (1953-)
ニューヨーク大学教授。比較文学。主な著書に、*The Emergence of Social Space : Rimbaud and the Paris Commune* (1988), *Fast Cars, Clean Bodies : Decolonization and the Reordering of French Culture* (1996).

スラヴォイ・ジジェク Slavoj Žižek (1949-)
リュブリアナ（スロヴェニア）生まれ。リュブリアナ大学教授。哲学・精神分析。主な著書に、『イデオロギーの崇高な対象』(1989, 邦訳二〇〇一年)、『パララックス・ヴュー』(2006, 邦訳二〇一〇年)。

訳者紹介

河村一郎（かわむら・いちろう）
一九六七年生まれ。早稲田大学プロジェクト研究所客員研究員。科学哲学。訳書に、ポール・ヴィリリオ『民衆防衛とエコロジー闘争』（共訳、月曜社、二〇〇七年）、デイヴィッド・ライアン『監視社会』（青土社、二〇〇二年）など。

澤里岳史（さわさと・たけし）
一九六八年生まれ。早稲田大学（文学学術院）非常勤講師。哲学。著書に『グローバル化する市民社会』（共著、御茶の水書房、二〇〇六年）、訳書に、ユルゲン・ハーバーマス、ジャック・デリダ、ジョヴァンナ・ボッラドリ『テロルの時代と哲学の使命』（共訳、岩波書店、二〇〇四年）など。

河合孝昭（かわい・たかあき）
一九六九年生まれ。早稲田大学（文学学術院）非常勤講師。哲学。主要論文に「スピノザの服従論」（『実存思想協会論集』第二期第一二号）、訳書に、ヘント・デ・ヴリース『暴力と証し』（月曜社、二〇〇九年）など。

太田悠介（おおた・ゆうすけ）
一九八〇年生まれ。東京外国語大学大学院地域文化研究科博士後期課程およびパリ第八大学哲学科博士課程所属。社会思想史。論文に「エティエンヌ・バリバールの脱植民地化論――「国民社会国家」批判の一理路」『言語・地域文化研究』（第一五号）、「「大衆の恐怖」の擁護のために――エティエンヌ・バリバールの政治哲学におけるスピノザの契機」『言語・地域文化研究』（第一六号）など。

平田周（ひらた・しゅう）
一九八一年生まれ。東京外国語大学大学院地域文化研究科およびパリ第八大学哲学科博士課程所属。社会思想史。論文に「折り重なる空間――ポール・ヴィリリオの思想についての一試論」『言語・地域文化研究』（第一五号）、「第二次世界大戦後フランスにおける資本蓄積のプロセスの変化――アンリ・ルフェーヴルにおける日常生活と都市の主題の交錯点」『言語・地域文化研究』（第一六号）など。

民主主義は，いま？　不可能な問いへの８つの思想的介入

2011 年 2 月 15 日初版第 1 刷発行

著　者　ジョルジョ・アガンベン，アラン・バディウ
ダニエル・ベンサイード，ウェンディ・ブラウン
ジャン＝リュック・ナンシー，ジャック・ランシエール
クリスティン・ロス，スラヴォイ・ジジェク

訳　者　河村一郎，澤里岳史，河合孝昭，太田悠介，平田周

装　幀　市川衣梨

発行者　勝股光政

発行所　以文社

〒 101-0051　東京都千代田区神田神保町 2-7
TEL 03-6272-6536
FAX 03-6272-6538
http://www.ibunsha.co.jp

印刷・製本シナノ書籍印刷

ISBN 978-4-7531-0287-7

―――――― 既刊書から

ホモ・サケル――主権権力と剥き出しの生
ジョルジョ・アガンベン　高桑和巳訳
2003 年刊　A5 判 288 頁・ 3675 円　ISBN978-4-7531-0253-2
近代の政治空間の隠れた母型を明かす．シュミットの〈例外状態〉の概念を，アーレントの〈全体主義〉とフーコーの〈生政治〉の成果のもと検討し，近代的主権の位相を捉える．

無為の共同体――哲学を問い直す分有の思考
ジャン=リュック・ナンシー　西谷修・安原伸一朗訳
2001 年刊　A5 判 304 頁・定価 3675 円　ISBN978-4-7531-0215-7
共同性を編み上げるのは何か？　神話か，歴史か，あるいは文学なのか？　あらゆる歴史＝物語論を超えて，世界のあり方を根元的に問う，存在の複数性の論理！

民主主義の逆説
シャンタル・ムフ　葛西弘隆訳
2006 年刊　四六判 232 頁・ 2625 円　ISBN978-4-7531-0248-3
ロールズ，ハーバマス，ギデンズなどの「合意形成」の政治学を批判的に検討し，シュミットの政治論，ウィトゲンシュタインの哲学から，自由と平等の根源的逆説に迫る．

功利的理性批判――民主主義・贈与・共同体
アラン・カイエ　藤岡俊博訳
2011 年刊　四六判 272 頁・ 2940 円　ISBN978-4-7531-0286-0
〈利益〉を絶対視し市場の覇権を招いた経済的モデルに異を唱え，気鋭の社会科学者たちが〈贈与論〉のモースの名の下に結集．この革新運動の主幹，アラン・カイエによる宣言書．

VOL 04
特集＝都市への権利／モビライゼーション
VOL コレクティブ編／責任編集・田崎英明・白石嘉治・木下ちがや・平田周
2010 年刊　四六変形判 336 頁・ 2310 円　ISBN978-4-7531-0277-8
いま世界で激化する「都市化《ジェントリフィケーション》」の波にわれわれはいかにして抗うことができるか？デヴィッド・ハーヴェイの最新論考，ハキム・ベイのインタビューなどを収録した最新号．